푸른 바다에서 건져 올린 통영의 맛

김장주

국립금오공과대학교 전자공학과 1기생으로 졸업했다. 현재는 반도체와 첨단 IT 부품의 정밀 레이저 가공 전문 업체인 ㈜레이저플렉스 대표이사로 재직 중이다. 평생 공학도로 살아왔지만, 타고난 인문학적 마인드가 메마른 엔지니어로서의 삶에 큰 윤활유 역할을 해주었다.

통영의 시골집을 개조해 어부 박물관을 운영하고 있으며, 오랫동안 어구(어업 도구)를 수집해 왔다. 어구 하나하나에 어부들의 삶과 이야기를 담아 전시하고 있다. 취미로 글쓰기와 그림 그리기를 즐기며 십여 년 전에는 책 『남자의 고향』을 출판했다.

이 책은 그동안 개인 홈페이지, 블로그, 그리고 다양한 매거진에 실렸던 먹거리 관련 글들을 모아 정리한 것이다. 그러나 단순히 식당을 추천하거나 맛있는 음식을 소개하는 데 그치지 않는다. 어부들이 직접 만든 식재료가 어떻게 우리의 식탁에 오르는지와 그 과정에 얽힌 어부들의 이야기를 함께 담았다. 통영 음식을 깊이 있게 조명하려 했던 필자의 진심 어린 노력이 독자들에게 전달되길 바란다.

푸른 바다에서 건져 올린

통영의 맛

김장주 지음

들어가는 글

　　인터넷이 활성화되기 전, 통영 시청 홈페이지도 없던 시절에 불현듯 통영 홈페이지를 만들어 보고 싶다는 생각이 들었다. 바다에 관한 글도 써서 여러 사람들과 공유하고 맛깔나는 통영의 음식들도 소개하고 싶었다. 그래서 시작된 것이 "김장주의 통영 여행(www.tongyeong.pe.kr)"이었다. 당시 부모님이 먼바다에 새로 굴 양식장을 만들고 계셨는데 그 과정을 "바다 이야기"라는 제목으로 2년 동안 주간 연재를 하기도 했다. 홈페이지는 바다에 관한 글을 쓰고 통영 음식을 소개하고 싶어서 시작했는데 여행객들의 질문에 답변을 계속하다 보니 "통영 여행"이 주가 된 홈페이지가 되어 가고 있었다.

여행 정보가 많이 없던 시절이라 방문자들이 많은 질문을 해 왔지만 직접 발로 뛰면서 한 분도 빠짐없이 답변을 해 주었다. 힘은 들었지만 그것이 통영을 좀 더 깊이 알아가는 데 많은 도움이 되었다. 여행객들의 주요 관심사는 여행 안내와 먹거리에 관한 정보였다. 이제는 인터넷에 많은 정보들이 넘쳐나고, 필자도 먹고사는 바쁜 일들로 홈페이지는 접었지만 10년 전에는 통영에서 자란 어릴 적 추억들을 정리하여 『남자의 고향』이라는 책을 출판했다. 그리고 홈페이지를 운영하면서 얻은 통영의 먹거리에 대한 지식과 필자가 몸소 체험하여 얻은 정보들을 정리하여 이 책을 출판하게 된 것이다.

그러나 필자는 전문 작가도 아니며 음식과 관련된 일에 종사해 본 적도 없는 음식에 대해서는 문외한이라고 할 수도 있다. 그런데도 이런 글을 쓸 수 있게 된 것은, 그동안 홈페이지를 운영하면서 얻은 정보도 있지만 나름 바닷가에서 먹거리의 재료가 되는 다양한 해산물과 해초류들을 직접 채취하며 살아왔고, 또 통영 전통 음식 만드는 과정을 가까이서 접할 기회가 많아서 나름 지식이 있기 때문이다. 필자의 집은 할아버지 때부터 멸치 어장, 굴 양식, 홍합 양식, 대구 주복 등 바다 사업을 크게 했다. 그 때문에 풍어와 안전을 기리는 크고 작은 의식, 집안 행사, 제사 등을 지내면서 제대로 된 음식들을 만드는 과정을 곁에서 보면서 자랐다.

 어릴 적에는 어장 일을 하는 일꾼들을 포함하여 대가족과 함께 미륵도 섬에서 자랐지만 초등학교 6학년 때 시내로 전학을 하여 혼자 생활을 하였다. 미륵도에서도 제일 끝 마을이라 집에서 중학교까지는 편도 2시간을 걸어 다녀야 했기 때문에 시내로 전학하여 어린 나이에 혼자 밥을 해 먹으면서 살았다. 그렇게 객지 생활을 시작했고 결혼을 하기 전까지 직접 밥을 해 먹고 살아왔다. 어장 일에 바빴던 어머님은 아들이 무엇을 먹고 어떻게 학교를 다녔는지 알지도 못했다며 결혼할 때 그렇게 우시던 모습을 잊을 수가 없다. 어릴 때부터 내가 제일 잘 만든 반찬은 멸치볶음이었다. 집에서 멸치어장을 하였기 때문에 삼시 세끼 멸치를 먹었다. 한때는 어묵을 도시락 반찬으로 싸 오는 친구들이 무척 부러워하기도 했다. 어릴 때는 통영에서 살았지만 성인이 되어서는 객지에 살면서 다양한 음식들을 접할 기회가 많았기에 통영 음식을 더 객관적으로 바라볼 수 있게 된 것인지도 모르겠다. 그럴수록 통영 음식에 대한 그리움도 더해 갔다.

    통영 음식은 바다를 빼놓고서 이야기를 할 수가 없다. 필자의 한 친구는 어릴 때부터 장어 통발배를 탔는데 손가락 지문이 닳아 없어져서 주민등록증을 한 달을 쉬었다가 만든 일도 있었다고 한다. 바다 음식에는 어부들의 애환이 배여 있다. 음식이 많이 소비되는 곳은 도시의 식당들이지만 음식 재료는 결국 어부들로부터 나온다. 물때에 맞춰서 바쁘게 살아가는 어부들의 삶과 그들이 음식을 먹으면서 회포를 푸는 모습, 그것을 있게 한 하늘의 별만큼이나 다양한 음식 재료들을 이야기와 함께 담아내고 싶었다.

    통영 여행을 하고자 하는 사람들이나 삶이 밋밋하고 재미가 없다고 느끼시는 분들께 권하고 싶다. 필자가 쓴 이 책 한 권 들고 당장 통영으로 떠나시라고. 책에 소개된 음식들을 찾아서 맛보며 통영을 느껴 본다면 새로운 삶의 활력소가 될 것이라고 감히 말하고 싶다. 책 속에는 필자가 몸소 체험하여 소개해 드린 식재료에 얽힌 이야기가 있고, 거친 바다와 싸우는 어부들의 숨소리가 들릴 것이며, 물때에 맞춰 사시사철 바쁘게 살아가는 어부들의 삶이 느껴질 것이다. 또한 음식들에 진하게 배어 있는 스토리와 함께 바다가 준 음식이 얼마나 고맙고 귀한지 새삼 느끼게 될 것이다. 그리고 필자가 왜 입에 침이 마르고 닳도록 통영~ 통영~ 하는지도 조금은 이해를 하게 될 것이다. 이런 것을 느끼며 여행하는 것 또한 소소한 삶의 즐거움이 아니겠는가?

차 례

들어가는 글 4

들이와 도다리쑥국	12
세상에서 제일 맛있는 초밥	20
3대를 이어 온 졸복국 사랑	26
회는 남자가 썰어야 제맛	32
군침 도는 다찌집 메뉴들	37
<이야기가 있는 그림> 같은 잠 다른 꿈	48
바람신을 달래던 '바지게 떡'	49
방아나무의 슬픈 사연	55
양식 굴에 대한 오해와 진실	59
초대받지 않은 손님들	64
통영 나물비빔밥	68
신 서방이 용서한 해물뚝배기	75
<이야기가 있는 그림> 어부의 망중한	82
통영의 고구마 빼떼기	83
어떤 멸치가 맛이 있을까?	90

통영에만 있는 우짜	95
생선회보다 스끼다시	100
다찌의 어원에 대하여	105
통영 최고의 요리는 반건조 생선찜	115
<이야기가 있는 그림> 통영 밤바다	121
통영의 무시김치 맛	122
통영 꿀빵 이야기	126
시락국 한 그릇	131
미더덕과 오만둥이, 이것만은 알고 먹자	137
신비의 맛을 지닌 군소	141
볼락 요리	145
추도와 물메기	149
도다리 예찬	153
멍게의 비밀	158

특별부록: 환상적인 통영의 음식 궁합들 163
작가 인터뷰 173

들이와 도다리쑥국

전국에서 봄이 제일 먼저 찾아오는 통영. 봄을 맞이할 준비가 된 통영 사람들은 봄을 제대로 느낄 줄 안다. 그래서 봄에 특히 맛이 있는 생선에 봄 자를 붙여서 봄 멸치, 봄 도다리라고 부른다. 그뿐만 아니다. 느낄 줄만 아는 것이 아니라 즐길 줄도 안다. 그래서 봄을 뚝배기 속에 담아 먹는다.

봄이 오면 제일 먼저 자라는 것이 쑥이다. 그리고 깊은 바닷속에서는 유독 도다리가 봄이 되면 살이 통통해지고 맛이 오르는데 이 두 가지가 궁합을 이루게 되면 환상의 맛을 만들어 낸다. 이른바 '도다리쑥국'이다. 향긋한 쑥 냄새와 통통하고 싱싱한 봄 도다리 맛을 보지 못하면 다음 봄을 기다리는 1년이 너무 길다.

따스한 어느 봄날에 한 어부가 봄을 찾으러, 아니, 도다리를 낚으러 바다로 나갔다. 그런데 바닷물이 너무 맑아서 그런지 통 입질이 없었다. 파도에 따라 어부의 몸은 시계추처럼 움직이고, 갈매기 울음소리가 자장가처럼 들리고, 어느새 어부는 졸음이 몰려왔다. 졸면서 낚시를 하다가 잠시 꿈을 꾸었는데, 꿈속에서 돌아가신 할아버지가 나타났다.

"손주야, 너는 왜 도다리를 잡지 않고 잠만 자느냐?"

"도다리가 통 물지를 않습니다."

"왜 도다리를 낚으려고만 하느냐? 그냥 들어 올리지 않고."

"도다리를 어떻게 들어 올립니까?"

어부는 할아버지의 답을 듣기 전에 잠에서 깨어났다. 기이한 꿈을 꾸고 나서 어부는 생각에 잠겼다. 도다리를 낚지 않고 들어 올린다? 어떻게? 그때 한 줄기 바람이 머리를 스쳐 지나가더니 불현듯 아이디어가 떠올랐다.

"맞다! 이렇게 하면 되겠네."

어부는 그물로 도다리 잡는 어구를 만들기 시작했다. 그물망을 둥글고 납작하게 만들어서 줄을 길게 매달았다. 어구 가운데는 홍합을 깨서 미끼로 넣고 물속 바닥에 한동안 내려놓았다가 들어 올렸다. 그물을 빠르게 들어 올리면 다른 생선들은 도망을 가지만 몸이 납작하고 느린 도다리는 그대로 담겨서 위로 올라왔다. 도다리 잡는 이 신기술이 소문이 나자 자망이나 낚시로 도다리를 잡던 어부들이 이 새로운 어구로 교체하기 시작했다. 특히 도다리가 많이 잡히는 봄철에는 미륵도 앞바다에 도다리를 잡는 배들로 가득 차게 되었다.

사람들은 이 신기한 어구를 들어 올린다는 뜻으로 "들이"라 불렀다. 어구를 파는 해안도로변 선구점 입구에는 수년간 베스트셀러였던 스프링 통발을 제치고 그 자리를 들이가 차지할 정도였다. 그 이후로 남쪽 바다에는 도다리가 급속하게 줄어들게 되었다는 이야기가 전해지고 있다.

도다리 잡는 방법을 설명했으니 이제 도다리쑥국의 맛을 보아야 하지 않겠는가! 통영에서 입맛이 까다롭기로 둘째가라면 서러워할 필자는 식당에서 파는 도다리쑥국을 잘 먹지 않는다. 돈이 아까워서? 아니다. 직접 잡은 최고로 싱싱한 봄 도다리로 쑥국을 해 먹어야만 비로소 겨울을 보낼 수 있다고 늘 믿어 왔기 때문이다. 통영의 도다리쑥국이 언론에 알려지기 시작하면서 봄 도다리가 금값이 되어 버렸다. 싱싱한 도다리 구경이 하늘에서 별 따기만큼이나 어려워졌다는 이야기다. 나는 동생들을 데리고 출어를 하기 전에, "어무이요. 쑥이나 마이 좀 캐 놓으이소" 하고 다짐을 해 두는 것도 잊지 않았다. 오늘은 왠지 날씨가 좋고 하여 도다리가 많이 잡힐 것만 같았다.

허연 도다리가 그물 위에 드러누워서 올라오는 모습을 생각하니 흥분이 되었다. 살이 통통한 큰놈 4마리만 잡으면 우리 식구가 도다리쑥국을 해 먹는 데는 문제가 없을 것이다. 들이를 10개 정도 준비했다. 다음으로 할 일은 먹이를 준비하는 일이다. 도다리 미끼로는 홍합이 최고다. 비린내가 나서 유인하기도 좋을 뿐만 아니라 바다에 널린 게 홍합이라서 구하기도 쉽다.

여기까지가 준비는 끝이고 다음으로는 장소를 정하여 투망하는 일이다. 장소를 잘 정하는 것은 선장의 능력이다. 도다리는 먼 바다보다는 양식장 주변에 많은 편이다. 투망을 하고 나면 약 30분 정도 기다리는 시간이 있는데 잠시 평화가 온 듯해 보이지만 이때가 제일 긴장되는 순간이다. 가끔씩 빈손으로 집에 가는 모습이 떠오르기도 한다.

아니라고 고개를 저어 봐도 여러 번 경험을 했고 또 엄마한테 여러 번 야단을 맞았기 때문에 자꾸 생각이 난다. "쓸데없는 짓을 하고 다닌다"라느니. "도다리 잡아 온다고 해서 반찬도 안 해 놨는데 손가락만 빨기가?" 하는 가족들의 빈정거림이 머리를 어지럽게 만든다. 그러나 이번만큼은 자신이 있다. "봐라! 풍어를 예상한 갈매기가 몰려들고 있지 않은가?"

이윽고 시간이 되었다. 나는 긴 호흡을 한번 내쉬고는 줄을 잡았다. '한 번에 들어 올리리라' 하고 다짐을 하면서…. 사정없이 줄을 당겨 올리는데 물속에서 허연 것이 보였다. 도다리가 도망을 치려고 움직일 때 배 부분이 허옇게 보일 때가 있다. 그런데 올려 보니 쌍바리(불가사리)였다. 도다리는 오데 가고 쌍바리만…. 두 번째는 쌍바리가 두 마리나 잡혔고 세 번째는 쌍바리가 네 마리나 잡혔다. 불안해지기 시작했다. 잠시 5분간 휴식을 취했다. "전에는 이 장소에 도다리가 많았는데 아지트를 옮겼나?" 네 번째 들이를 들어 올렸다. 다섯 번째 들이를 올렸다. 내 눈에는 눈물이 고이는 것 같았다.

희망은 절망으로 변해가고 있었다. 마지막 들이를 올리는데 허연, 너무나도 희미한 물체의 움직임이 감지되었다. "도다리 같기는 한데…." 그런데 반쯤 만들어지다 만 것 같은 도다리 두 마리가 잡혔다. 손바닥만 해 보였다. 나는 한동안 심한 갈등을 겪었다. 상식적으로 생각하나 나의 정서로 보나 그것은 바다로 보내 주어야 했다. 그런데 나는 그 두 놈을 바다가 아닌 배 물 칸으로 던졌다. "형님아, 이거 먹을끼가?"

동생들의 질문에는 대답도 하지 않고 배 시동을 걸었다. 도다리쑥국을 먹지 않고는 이 봄을 맞이할 수가 없었던 것이다.

세상에서 제일 맛있는 초밥

아이들이 초밥을 먹고 싶어 한다. 그러면 아빠는 잠시 바다로 나가 고기를 잡아서 직접 초밥을 만들어 준다. 아빠가 만들어 준 초밥이 세상에서 제일로 맛이 있다. 초밥 만들 생선을 구하는 일이 어렵다고요? 아빠는 세상에서 제일 쉬운 일이 고기 잡는 거라 한다.

오늘은 아빠가 어린 조카들까지 데리고 초밥 만들 고기를 잡으러 가기로 했다. 별로 준비를 할 것도 없다. 그저 뒤뜰에서 잘라 온 작은 대나무 낚싯대에 낚시꾼들이 사용하다가 버리고 간 새우 미끼가 채비의 전부였다. 아이들은 강태공 어른들을 이해할 수가 없다. 최고급 릴낚싯대에 비싼 청개비와 새우 떡밥으로 무장을 하고 새벽같이 떠나는데도 한 마리도 낚지 못한 것을 여러 번 보았기 때문이다. 강태공 아이들은 배 위에서 대화를 이어 갔다.

"니, 세상에서 제일로 쉬운 일이 뭔지 아나?"

"그야 바로 고기 낚는 일이제."

"맞다. 고기 낚는 일보다 쉬운 일은 없다 아이가."

"오늘은 한 50마리만 낚을까?"

배를 타고 동네에서 5분 정도 거리에 있는 가두리 양식장으로 갔다. 가두리 양식장 근처에는 저녁먹이를 주는 시간에 맞추어 떡고물이나 주워 먹을까 하고 모여드는 고기들이 많다. 크기가 작은 학꽁치와 전갱이들 사이로 창피를 무릅쓰고 덩치 큰 숭어와 고등어 떼가 몰려드는 경우도 있다.

낚시를 담그자마자 학꽁치, 전갱이, 볼락, 어린 고등어가 떼로 몰려들었다. 물 반 고기 반이었다. 순식간에 50마리 넘게 낚았다. 집으로 돌아와서 아빠는 낚아 온 전갱이, 학꽁치와 멸치 어장에서 얻은 잡어들로 초밥을 만들어 주었다. 싱싱해서 그런지 때깔이 너무 좋았다.

잔뼈가 없고 부드러워서 아이들이 먹기 좋은 학꽁치, 비리지 않고 살점이 쫄깃한 전갱이, 작은 점들이 쉴 새 없이 움직이는 싱싱한 호래기, 도시에서는 구경하기조차 힘든 살아있는 병어, 어제 잡아 놓은 작은 돌문어까지. 아빠 셰프는 아이들이 먹기 좋게 작고 예쁜 크기로 잘라서 마치 보석을 다루듯이 정성을 다해 초밥을 만들어 주었다.

초밥에 대해서만큼은 백종원 선생님도 "형님!" 하면서 한 수 배워야 할 것이다. 아이들은 세상에서 제일 맛있는 초밥을 먹으며 함박웃음을 지었다.

3대를 이어 온 졸복국 사랑

　나는 어렸을 적부터 비린 생선 요리를 별로 좋아하지 않았다. 그렇지만 할아버지는 생선을 무척 좋아하셨다. 할아버지 밥상에는 쌀밥과 함께 거의 매일같이 올라오는 생선국이 있었는데 바로 졸복국이었다. 가운뎃손가락만 한 작은 복 대여섯 마리에 콩나물 몇 가닥이 전부인 맑은 생선국이었다. 옛날에는 시골집이 다 그렇듯이 제일 어르신인 할아버지는 밥상을 따로 차려 드렸고 나머지 식구들은 큰 밥상에 둘러앉아 식사를 했다. 당시만 해도 통영에는 쌀이 아주 귀했다. 보리쌀을 미리 찐 후에 큰 솥에 넣어서 밥을 했는데 솥 가장자리에만 쌀을 한 줌 얹었다. 할아버지께 드릴 쌀밥이었다. 할아버지는 식사를 하시다가 가끔씩 막내 손자인 동생을 불러서 하얀 쌀밥을 한 숟갈 떠서 동생의 밥 위에 얹어 주기도 했다. 나와 다른 동생들은 도다리 눈을 한 채 쳐다보면서 부러워만 했을 뿐 불평을 하는 일은 없었다. 후루룩 소리를 내고 땀까지 흘리면서 졸복국을 맛있게 드시던 할아버지의 모습이 아직도 기억에 생생하다. 할아버지 말고는 졸복국을 먹는 것을 보지 못했기에 그것은 연세 드신 분들만 먹는 음식인 줄로만 알았다. 마치 술을 어른들만 마시는 것처럼 말이다.

할아버지께는 고기를 잡아 오면 다른 생선들은 다 팔아도 졸복만은 따로 골라내었다. 졸복은 손수 껍질을 벗겨서 말렸다. 말린 졸복은 개수를 세어 가면서 보관할 정도로 할아버지께서 무척 아끼시는 생선이었다. 우리 집에는 멸치 어장, 대구 주복(정치망), 볼락 주복 등 바다 사업을 크게 해서 갖가지 생선들이 흔했다. 그 많은 생선 중에 할아버지는 왜 유독 졸복만 그렇게 좋아하셨을까?

세월이 흘러서 할아버지는 세상을 떠났고, 내가 청년이

되었을 때 새로운 사실 하나를 알게 되었다. 할아버지가 계실 때 한 번도 졸복국을 드시지 않았던 아버지가 시장에만 가시면 제일 먼저 들리는 곳이 졸복을 잘 하기로 유명한 서호 시장에 있는 '호동 식당'이었다는 사실이다. 너무 먹고 싶었는데 할아버지 때문에 집에서는 드시지 못하고 시장에서만 사 드셨던 것이다.

군대 제대를 하고 어느 날, 나는 그 식당으로 가서 난생 처음으로 졸복국을 시켜서 먹어 보았다. 주인아주머니께서 하시는 말씀이 아버지는 1주일에 3~4일은 졸복국을 드셨다고 한다. 콩나물과 미나리만으로 국물을 우려낸 졸복 지리국은 집에서 보던 것과 별반 다르지는 않았다. 처음으로 졸복 국물을 한 모금 먹어 본 나의 입에서는 "아~ 시원하다" 하는 소리가 흘러나왔다. '이 맛 때문에 졸복국을 먹는 거구나' 하는 생각이 들었다. 이제는 시장에만 가면 졸복 식당부터 찾는 버릇이 생겼다. 나도 이제 졸복 마니아가 되어 버린 것일까? 아마도 졸복과 함께 떠오르는 추억들 때문인지도 모른다. 그렇게 먹고 싶었던 할아버지의 쌀밥, 가족이 한자리에 모여서 꽁보리밥을 먹던 다정했던 모습들, 땀을

흘리면서 졸복국을 드시던 할아버지의 모습, 시장에서 졸복국을 드시던 것이 유일한 낙이셨던 아버지의 모습….

졸복국을 먹을 때마다 할아버지와 오랫동안 아파서 누워 계시던 아버지 생각이 난다. 나도 이제 나이가 들어 가는 까닭일까?

회는 남자가 썰어야 제맛

　지난밤에는 바람이 세차게 불었다. 바람이 많이 부는 날 밤이면 늘 아버지는 뙤창문(방문 옆에 붙은 작은 창문)을 몇 번이나 열어 보면서 잠을 설치셨다. 다음 날 아침 그물에 고기가 얼마나 많이 잡혔을까 하는 설렘 때문이었다. 그래서 지명도 풍화리(風和理)이다. 즉, 바람이 불어야 잘 된다는 뜻이다. 바람이 불어서 걱정인 추수를 앞둔 농부들도 있기에 내색은 못 하지만 나는 늘 바람이 많이 불기를 기대했다. 가끔씩 객지 생활 중에 바람이 많이 불 때면 향수에 젖기도 했다.

 밤사이 바람이 많이 불던 그날도 정치망 그물에 고기가 많이 잡혔다. 어부들이라고 해서 늘 생선을 많이 먹을 수 있는 것은 아니다. 팔아서 돈을 벌어야 하기 때문이다. 그렇지만 이렇게 풍어를 했을 때는 부담 없이 고기를 먹기도 한다. 그래서 평소에는 꿈도 못 꾸던 5짜 감성돔과 떡전어 몇 마리를 썰었다. 경매로 팔고 싶어 하시는 어머니의 눈치를 무릅쓰고 집에서 썰어 먹기로 했다. "5짜 감성돔 맛이나 한 번 보고 죽자."

감성돔과 전어, 이 두 생선을 어떻게 썰어 먹어야 더 맛이 있을까? 통영에서는 회를 뜰 때 반드시 남자가 칼질을 한다. 더러는 팔 힘이 약한 여자들은 한칼에 자르지 못하고 생선을 오래 만지기 때문에 체온이 전달되어서 맛이 떨어지기 때문이라고도 하고, 더러는 기다리지 못하는 통영 남자들의 습성 때문이라고도 한다. 둘 중에 어느 이유이든, 이번 칼질은 세 명의 동생 중에 막내가 맡기로 했다. 속도는 느리지만 무엇보다는 생선을 보석을 다루듯이 하는 신중한 칼 솜씨를 높게 산 까닭이다.

맛있는 뱃살 부분도 탄력이 있어 보이고 통통한 살점은 마치 레드 와인을 살짝 떨어뜨린 듯 붉은색이 탐스럽다. 필자의 한 친구는 바다에서 올라온 지 30분이 지난 생선은 절대로 회로 먹지 않는다. 바다에서 막 잡아 올려서 살이 탱글탱글한 감성돔을 보니 그 친구의 말이 실감났다. 껍질은 뜨거운 물을 부어서 살짝 익힌 후에 껍질째 썰었다.

돔, 농어 등과 같이 크고 살이 두툼한 생선은 뼈를 갈라내고 살점만 썰어서 회로 먹지만 몸집이 얇고 작은 생선은 뼈 채 썰어서 세꼬시로 해 먹는다. 대표적인 생선이 볼락,

가자미, 붕장어, 전어 등이다. 특히 "깨가 서 말"이라는 여름 전어는 뼈가 연해서 세꼬시가 최고이다. 세꼬시는 막 썰어서 먹는 것 같아도 전어를 세꼬시로 썰 때는 상당한 칼질의 노하우가 필요하다. 우선, 잔뼈가 잘 잘리도록 잔뼈의 반대 방향으로 칼질을 해야 하고, 한번은 짧게 한번은 길게 썰어야 한다. "한번은 짧게 한번은 길게?" 유명한 책 『소녀경』에 나오는 명대사가 아니다.

첫 번째 칼질에서는 토막을 내지 않고 뼈까지만 자르고 두 번째 칼질에서 싹둑 자른다. 살점 사이에 골고루 소스가 들어가도록 하고 뼈가 잘 씹히도록 하기 위해서다. 즉, 첫 번째 칼질에서 2/3만 자르고 두 번째 칼질에서 싹둑 자른다. 살점이 너무 작아서 감질난다는 회를 아주 좋아하는 사람들은 두 번은 짧게 한 번은 길게 자른다. 세꼬시의 소스는 초고추장보다는 된장(또는 쌈장)이 최고이다.

군침 도는 다찌집 메뉴들

　물때가 맞았는지 모처럼 배 타는 친구들이 한자리에 모였다. 나는 이 친구들에게 듣는 바다 이야기를 무척 좋아한다. 바다에서 매일 싱싱한 생선만 먹는 배 타는 친구들은 뭍에 나오면 주로 어떤 음식을 먹을까? 무척 궁금했다.

　그날은 비가 제법 촉촉하게 내렸다. 택시를 타고 시장 골목 안에 있는 작은 다찌집 앞에 내렸다. 다찌는 "식당"이라 부르지 않고 "집"이라 부르며 친근감을 표시한다. 다찌는 일종의 선술집 같은 곳으로 통영의 술 문화 중에 하나이다. 내가 통영의 음식을 좀은 안다고 하지만 내 친구들 앞에서는 입도 못 연다. 다찌집에는 냉장고가 없다는 말이 있다. 그날그날 시장에 파는 해산물을 사다가 요리를 하기 때문에 전날 일기가 좋지 않아서 어부들이 조업을 못 하면 음식이 부실할 수도 있다. 이런 일관성이 없는 메뉴에도 통영 사람들은 짜증을 잘 내지 않는다. 오늘 맛이 없더라도 내일 맛이 있을 수 있기 때문이다. 일기에 따라 메뉴가 달라지기도 하지만 식당이 인기가 있어서 조금만 유명해지면 서비스가 달라지는 특징도 있다. 많아진 손님들에 비해서 일손이 부족하기 때문인지, 아니면 쉽게 만족감에 빠지는 습성들 때문인지도 모른다. 그렇지만 내 친구들은 그런 것은 개의치 않는다. 늘 새로운 다찌집을 찾아다니기 때문이다. 식당에 도착하니 친구들이 벌써 와 있었다.

다찌집에 가면 항상 느끼지만, 제일 먼저 나를 흥분하게 만드는 것은 술과 음료가 양동이에 담겨 나온다는 것이다. 절반 정도 얼음을 담은 양동이 안에는 기본으로 선택한 소주, 맥주, 음료수 병들이 꽂혀 있다. 더울 때 시원한 수박을 보면 빨리 먹고 싶어지는 것처럼 시원한 술을 빨리 마시고 싶은 충동마저 생긴다. 술을 양동이에 담아 오는 술집을 본 적이 있

는가? 이 콘셉트는 통영 다찌집의 전매특허인 셈이다.

　가벼운 안주들이 차려져 있는 것으로 보아 시작한 지 얼마 되지 않은 것 같았다. 오랜만에 만나는 친구들보다도 솔직히 말하면 나는 다찌집의 음식에 더 관심이 있었다. 기본으로 가벼운 해산물 한 접시가 나왔다. 다양한 해산물 가운데 특히 눈에 띄는 것은 껍질을 벗기고 내장을 제거하여 깔끔하게 손질을 한 미더덕 회였다. 타지역에서는 미더덕과 오만둥이를 통째로 넣고 요리를 하지만 통영에서는 반드시 내장을 제거하고 요리를 한다.

이번에는 멸치회가 나왔다. 멸치는 싱싱한 채로 유통이 쉽지 않아서 외지에서는 맛보기가 쉽지 않다. 새콤한 식초 양과 야채가 부드러운 멸치 살점과 잘 어울렸다. 접시가 빌 만하면 주방 아줌마는 새로운 안주를 내왔다. 마치 기다린 듯이 말이다. 이것이 다찌의 노하우인 동시에 프로 정신인 것이다 약방의 감초처럼 어김없이 생선구이도 나왔다. 통영의 생선구이는 좀 특이하다. 구운 생선에 여러 가지 야채를 넣어서 만든 간장 소스를 얹어 살점을 촉촉하게 해서 먹는다. 여러 종류의 음식에 벌써 배가 불러 왔지만, 한 친구가 음식이 맘에 안 들었는지 "잠시만 기다려 봐라. 내가 주방장 좀 만나보고 올게." 하면서 나갔다. 친구가 술을 추가로 시켰는지, 아니면 좋은 것 좀 달라고 부탁을 했는지는 몰라도 이제부터는 안주의 차원이 달라진 듯한 느낌이 들었다. 다찌집의 주방은 요술 방이란 말인가? 주방장의 기분대로 안주가 만들어지게.

친구가 힘(?)을 쓴 이후 처음 제공된 음식은 졸복찜이었다. 졸복국만 먹어 봤지 이렇게 깔끔한 맛으로 요리한 찜은 먹어 보지 못했다. 고춧가루 하나 들어가지 않아서 졸복의

향이 그대로 살아 있고 졸복 본래의 맛을 제대로 느낄 수 있었다. 친구들의 이야기는 계속되었지만 나의 관심은 오로지 음식에만 있었다.

"잠깐! 아직 묵지 마라. 사진 찍어야 한다."

"니, 묵는 거 가꼬 이리 하끼가?"

친구가 안주를 빼앗아 갔다. 졸복 요리가 채 식기도 전에 새로운 안주가 또 나왔다. 이번에는 돔 같은 생선이었는데 정말 먹음직스럽게 보였다.

"장주 니 운 좋다. 이런 거 못 봤제? 이기 우리나라에서 제일 비싼 고기다."

"사이즈가 작아서 스끼다시로 내놓지 큰 거는 비싸서 못 묵는다."

"다금바리가 제일 안 비싸나?"

"택도 없다. 이거 하고 다금바리 중에 하나만 고르라고 하면 다금바리는 탁 던지삔다."

돔 종류인데 이름이 "아까모스"라 했다. 나는 갑자기 흥분이 되었다. 회로서 먹는 생선 중에 제일 비싼 생선이 옴도다리(일명 이시가리)라 한다면 요리로 만들어 먹는 생선

중에 가장 비싼 생선은 단연 아까모스라 했다. 참돔, 옥돔, 감성돔 등 많은 돔 중에 아까모스는 처음 들어 봤다.

"내가 이 집 단골이라 주지 아무한테나 안 내놓는다."

이번에는 다른 친구가 술을 더 시켰다. 냉장고에 짱박아 놓은 주방장의 히든카드를 다 내놓게 하려면 술을 많이 시켜야 한다고 했다. 다찌집에는 술을 더 시키면 안주도 추가로 나온다. 이번에는 아귀 내장 수육이 나왔다. 아귀 내장 수육 또한 먹음직하게 보였다. 역시 고춧가루는 들어 있지 않았다. 주방에서 지금 막 들고 뛰어왔는지 김이 모락모락 오르고 있었다. 찜 요리의 감초인 콩나물도 없고 매운 고추장도 안 들어 있는데 도대체 어떻게 이런 감칠맛 나는 요리를 할 수가 있단 말인가?

내가 아귀 내장 수육을 이리 뒤지고 저리 뒤지면서 사진을 찍고 맛을 보느라고 정신이 없었는데 이번에는 주방장 아주머니가 내 눈을 의심하게 하는 요리 하나를 들고 들어왔다. 살이 통통한 봄멸을 구워서 가지런하게 접시에 담아서 오는 것이었다.

멸치에 대해서 좀 안다고 자부하던 나도 이 멸치구이를

못 먹어 봤다. 멸치를 어민들은 그냥 멸이라 부른다. 치자가 붙은 다른 생선들과 차이를 두고 싶어서일까? 이른바 대멸이라 불리는 봄멸은 먼바다에서 지내다가 산란기인 봄에만 육지 가까이 들어오기 때문에 봄에만 잡을 수 있었다. 그래서 봄멸이라 부른다. 요즘에는 장비와 배가 좋아져서 먼바다로 나가 1년 내내 잡을 수가 있다. 그렇지만 어민들은 이 대멸을 여전히 봄멸이라 부르고 있다. 멸치구이와 볼락구이는 조선간장에 찍어 먹어야 제맛이다. 구가 멸치구이는 통째로 먹어야 제맛이라며 시범까지 보여 주었다. 우리 아버지도 구운 볼락을 입에 넣으면 눈깔만 뱉어 내시던 생각이 났다. 봄멸을 구우려면 싱싱하고 살이 오동통한 놈만을 골랐을 것이다. 나는 대단한 경험을 하고 있었다.

분위기가 흥겨워져서 술을 한 병 더 시켰더니, 새로운 안주가 나왔다. 번에는 곰장어 수육이었다. 곰장어는 연탄불에 고추장구이나 소금구이로 즐겨 먹지만 장어 맛 좀 아는 사람들은 수육을 더 좋아한다고 한다. 과연 다찌집 안주의 끝은 어디란 말인가? 술을 시키면 끝없이 제공되는 다찌집의 안주…. 이어서 약간의 생선회와 해산물이 추가로 나왔다. 이제는 더 들어갈 배가 없다. 그래서 다들 젓가락을 놓고 이야기만 하고 있었다. 그랬더니 이번에는 메기국이 나왔다. 나는 괜히 맥주를 마셨나 보다. 횟집이든 다찌집이든 국물 음식이 나오면 술을 더 이상 안 시키는 것으로 알고 안주는 끝이라고 생각을 하면 된다고 했다. 나는 친구들에게 신신당부했다. 다음에 또 배가 들어와서 술 한잔할 때는 나한테 연락 좀 해 주라고.

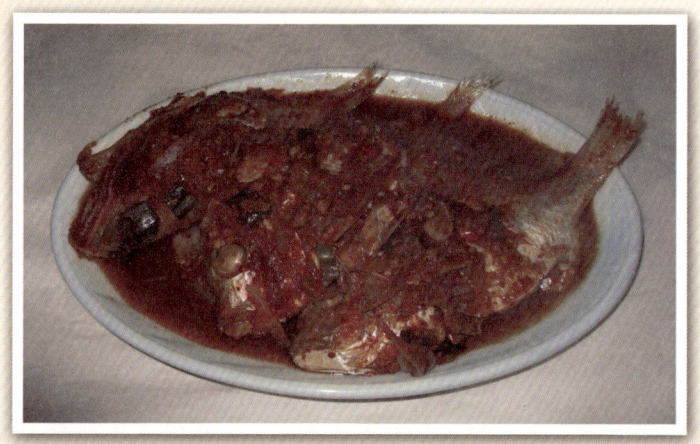

<이야기가 있는 그림>

같은 잠 다른 꿈

바람신을 달래던 '바지게 떡'

여름과 겨울이 짧고 봄과 가을이 긴 통영에서도 사람들은 봄을 애타게 기다릴까? 통영의 봄에는 특별한 설렘이 있다. 봄 햇살을 받아서 유난히 은빛으로 반짝이는 바다, 그 아래의 깊은 바닷속에서도 봄을 느낄 수가 있다. 산란을 마친 도다리가 살을 찌우기 시작하고 먼바다에서 멸치가 봄을 찾아서 갯가로 몰려온다. 통영 사람들은 이런 생선들에도 '봄' 자를 붙여서 "봄 멸치" "봄 도다리"라 부르며 애정을 표시한다.

봄에는 봄멸과 봄 도다리가 돌아오는 설렘의 계절이기

도 하지만, 또 한편으로는 바람이 많이 부는 봄은 어민들에게는 근심의 계절이기도 하다. 봄에 유독 제사가 많은 이유도 바람이 많이 부는 것과 무관하지 않다. 봄이면 바닷가에서 배의 무사고를 빌면서 풍어제, 별신 굿등을 지내는 모습을 볼 수 있다. 이는 배와 사람, 그리고 풍어를 위해 소원을 비는 것이다. 이 중에서도 이른 봄 가정에서 지내는 '할만네'라는 통영 고유의 풍습이 있다.

'할만네'는 바람 신을 달래기 위한 일종의 토속신앙이다. 통영 사람들은 음력 2월을 "바람 달"이라고 부른다. 바람이 많이 불기 시작하는 음력 2월 초가 되면 하늘에서 세 할매(할머니)가 바람을 타고 내려오고, 세 할매가 각기 9일, 14일, 19일에 하늘로 올라간다고 한다. 바람 할매들이 내려온 첫날부터 마지막 날까지 할만네를 지낸다. 첫날에는 대문 입구에 부정을 막기 위해서 황토를 가져다 놓고 고유 음식인 바지게 떡을 만들어 바친다. 그리고 소지(燒紙)를 태우면서 가정의 평안을 기원한다. 바지게란 지게 위에 짐을 담기 위해 싸리로 만든 소쿠리 모양의 도구를 뜻한다. 바지게 모양을 본떠서 만든 이 바지게 떡은 바람 신께 바치는 통

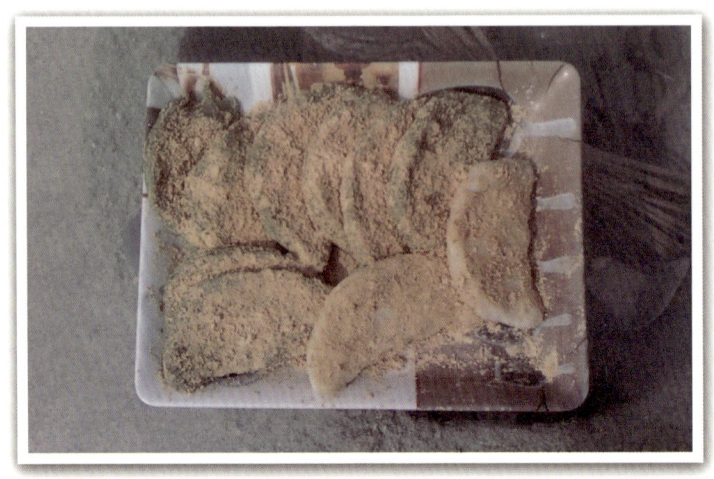

영의 전통 음식이다.

　농촌도 아닌 어촌마을 통영에서 왜 하필 바지게 모양의 떡을 만들었을까? 떡을 만들고 보니 바지게를 닮아서 그렇게 불렀던 것일까? 아마도 풍어와 가족의 안전을 기원하는 의식이기에 그들의 삶에서 소중한 것에 의미를 담아서 바치고자 했을 것이다. 통영은 모든 음식을 자급자족하면서 살았다. 평지가 없어서 쌀은 재배되지 않았지만 산을 개간해서 만든 언덕배기 밭에서 고구마, 보리, 시금치 마늘을 많이 재배해서 먹고살았다. 사시사철 비탈진 밭에 거름을 하고 추수를 하기 위해 없어서는 안 될 가장 중요한 농기구가 지게와 바지게였던 것이 아닐까?

　할만네 기간에는 작대기를 대문 앞에 받혀 놓고 부정한 사람들을 집안에 들어오지 못하게 하고 그 기간에는 혼사도 피한다. 초하루와 바람 할매가 하늘로 올라가는 9일, 14일, 19일에는 오곡밥을 지어서 바친다. 이때는 소복을 곱게 차려입는데 통영 여인네들이 가장 아름답게 보이는 때이기도 하다. 마지막 바람 할매가 하늘로 올라갈 때는 대풍을 일으켜 풍랑이 몰아치게 되므로 이날에는 배를 출항하지도 않는다. 일 년에 한 번, 한식을 전후로 부는 이 풍랑을 한식 너울이라고도 한다. 만약에 한식 너울 때가 되어도 큰 파도가 없을 경우에는 먼바다의 바람을 떠와서라도 반드시 지내고 가야 한다. 그렇지 않으면 꿈에서도 나타나서 괴롭힌다고 한다.

　옛날 어렵던 시절에 '통영-거제-부산'을 오가던 객선을 타고 장사를 하던 아낙네들이 많았는데, 한식 너울로 불리는 대풍랑을 만나서 배가 뒤집히는 사고가 일어난 적이 가끔씩 있었다고 한다. 그래서 이맘때면 통영에서는 같은 날에 제사를 지내는 집안이 제법 많다.

바람이 많이 불어서 걱정만 있는 것은 아니다. 새싹이 돋아날 즈음에 바람이 많이 불면 불안을 느낀 나무들은 뿌리를 깊게 내리게 된다. 이는 자연의 법칙이다. 뿌리가 튼튼해진 나무는 많은 열매를 맺을 수 있고 태풍도 거뜬히 이겨 낸다.

살랑살랑 봄바람이 부는 날이면 하얀 소복을 입고 할만네를 지내시던 어머니의 고운 모습이 생각난다. 특히 이번 봄에는 그 시절이 너무 생각나서 어머니께 할만네를 한번 지내자고 떼를 써 보았다.

너무 사치스러운 부탁이었을까? 어머니는 제사며 집안일이며 힘들었던 시절을 떠올리기도 싫으신지 고개를 저으셨다. 대신에 쑥으로 할만네 때 바치던 바지게 떡을 만들어 주셨다. 봄쑥과 맵쌀 가루를 반죽하여 찐 후 바지게를 닮은 모양으로 만들어서 콩고물을 입혀서 먹는다. 쑥을 넣은 것과 맵쌀만 넣은 두 종류가 있다. 이전에는 집에서만 만들었는데, 필자가 인터넷에 소개한 이후부터(?) 서호 시장에서도 팔고 있다.

방아나무의 슬픈 사연

"나, 지금 떨고 있니?"

드라마 <모래시계>에 나오는 명대사가 아니다. 우리 시골집 뒤뜰에서 두 그루의 방아나무가 나누는 대화이다. 누가 처음에 음식에다 방앗잎을 넣어 먹었을까? 왜? 왜? 왜??!! 방아나무들이 투덜댄다. 이 더위만 가시고 나면 씨앗도 맺을 수 있을 텐데….

할머니는 방아나무의 목을 사정없이 따기 시작한다. 가족과 먹을 매운탕과 전 요리에 넣기 위해서이다. 예전에는 잔치가 있거나 가족 모임이 있더라도 항상 몇 개의 이파리만 희생되었는데, 해가 갈수록 인간들의 횡포가 심해지고 있다. 방아나무를 줄기째 꺾어 가거나 결혼을 해서 분가한 자식들까지 와서 이파리를 마구 따 가기 시작했다. 방아가 향이 좋고 비린내를 없앤다는 이야기가 전국적으로 알려지게 되었다. 사람들의 입맛이 다양해지면서부터 방아나무들의 삶도 갈수록 힘들어졌다.

주인아주머니의 손길이 한번 지나갔으니 그것이 끝이길 바랐다. 다음 날 아침, 서울 큰 아들이 차 트렁크에 짐을 싣는 소리를 듣고 방아나무들은 "휴~우" 하고 안심을 표했다. 몇 개의 방아나무 이파리가 구사일생으로 살아남았기 때문이다. 그런데 큰아들이 차 시동을 거는가 싶더니 소리를 지른다. "잠깐만요!" 하더니 뒤뜰로 달려와서 방앗잎을 마저 따기 시작한다. 통영에 자주 오기 힘이 드니 냉동해 놓고 두고두고 먹겠단다.

여름이 채 가기도 전에 우리 집 뒤뜰에 있는 방아나무는 늘 불상한 모습으로 변해 버린다. 방앗잎은 국물요리에 넣으면 비린 맛을 없애 주기도 하고 특이한 향 때문에 갯가 사람들은 음식에 즐겨 넣어 먹는다. 그래서 집집마다 뒤뜰

또는 남새밭에 한두 그루는 심어 놓는다. 요즘에는 찾는 사람들이 많아서 일부 식당에서는 말려서 가루를 내어 소스처럼 손님 테이블에 놓기도 한다. 깻잎보다는 향이 강하고 고수보다는 부드럽고 거부감이 덜하다. 방아는 이제 통영에서는 없어서는 안 될 식재료가 되어 버린 것이다.

양식 굴에 대한 오해와 진실

　통영에서 가장 중요한 수산물 세 가지를 꼽으라 한다면, 멸치, 장어, 굴이라 말하고 싶다. 바다에서 그냥 잡기만 하는 멸치와 장어와는 달리 굴은 어민들이 난(卵) 채취부터 키우고 수확하는 농사와 같은 개념이다. 해마다 음력 7월 칠성을 전후로 열흘 정도 굴 난이 남해안 바다를 지나간다. 이 플랑크톤 같은 작은 난들이 갯바위 등에 붙어서 자라면 자연산 굴이 되는 것이다. 갯바위에 붙은 굴이나 바닷속에 돌을 가져다 놓아 굴 난을 부착시켜서 키운 굴을 모두 석화라 부르기도 한다. 반면에 부착성이 좋은 어패류 껍질에 난을 붙인 후 깊은 바닷속에 담가서 키운 것을 양식 굴이라 부른다. 인공으로 배양하거나 사료를 먹이는 것이 아니기 때문에 양식 굴은 잘못된 표현이며 수하식 굴이라 해야 옳다.

그렇다면 석화라 부르는 자연산 굴과 수하식 굴은 맛에 있어서 어떤 차이가 있을까? 똑같은 굴의 난이 붙어서 자연 상태로 자라지만 자연산 굴은 크기가 절반도 되지 않는다. 이유는 영양이 부실하기 때문이다. 갯바위에 붙어 있는 굴은 바닷물이 들고 빠지기를 반복하는 환경에 놓여 있다. 또한 얕은 물가는 수온도 높고 굴 먹이인 플랑크톤이 부족하며 오염에 노출되어 있는 단점이 있다. 반면에 양식 굴이라 불리는 수하식 굴은 깊은 바닷속에 수하시켜서 키우기 때문에 늘 영양이 풍부하여 크게 잘 자란다.

그러면 수하식 굴은 어떤 과정을 거쳐서 키우게 될까? 굴 껍데기 가운데 구멍을 뚫어서 가지런히 줄에 끼우는 작업부터 시작된다. 굴 껍데기를 주로 사용하는 이유는 구하기도 쉽고 무엇보다도 부착성이 좋기 때문이다. 보통 5줄 정도를 한 묶음으로 해서 한 냥이라 부르는데, 수만 냥을 준비할 때도 있다. 위에 언급했듯이 해마다 음력 7월 칠성을 전후로 굴 난(플랑크톤)이 남해안 바다를 지나간다. 수십 년, 수백 년 전부터도 그랬을 것이다. 굴 난들은 어딘 가에 부착하지 못하면 수명이 열흘을 넘지 못하고 소멸하고 만다. 그래서 그 시기에 정확하게 굴 껍데기를 바닷물에 담가서 난을 붙여야 한다. 바닷물 속에 너무 일찍 담그거나 너무 늦게 담그게 되면 굴이 아닌 홍합이나 미더덕 등 다른 난이 붙어서 한 해 농사를 망칠 수도 있다. 즉, 바다에 굴 껍데기를 미리 담가도 안 되고 늦게 담가도 안 된다. 이렇듯 바닷가 사람들은 부지런하지 않으면 살아갈 수가 없다. 적당한 양의 굴 난을 잘 부착시키는 것이 굴 양식사업의 가장 중요한 일이다. 굴 난이 온 것을 확인하고 나면 만사를 제쳐 놓고 바쁘게 움직여야 한다. 난을 받는 방법은 물가에 굴 상사리를 만들어 놓고 굴 줄을 걸어서 받는 방법이 있고 바다 가운데 줄을 치고 굴 껍데기를 엮은 줄을 수심 1미터 정도로 낮게 매달아서 받는 방법이 있다. 굴 난을 잘 받으면 그해 굴 농사의 절반은 성공한 것이나 다름이 없다. 난이 1달 정도 자라서 굴 모양이 생기기 시작하면 다시 한 뼘 정도 간격으로 다른 줄에 끼워서 먼바다의 굴 양식장으로 옮겨 달게

된다. 바다에 부이를 띄워서 사갯줄을 연결하고 각 사갯줄에 굴 줄을 묶어서 바닷속에 담가서 키우게 된다. 통영 일대가 굴 양식을 하기에 좋은 환경을 지닌 것은, 바다가 깨끗하여 굴 먹이인 플랑크톤이 풍부하기 때문이다. 그래서 굴은 자연산 굴보다는 양식 굴이 더 깨끗한 환경에서 자라며 영양이 풍부하다고 할 수 있다.

겨울철 통영 여행 시에는 꼭 통영 굴을 맛보시기 바라며, 한 번쯤은 굴이 식탁에 오르기까지 과정도 생각해 본다면 더 의미가 있을 것이다.

초대받지 않은 손님들

바다에서 그물로 물고기를 잡는 방법은 크게 유자망과 정치망이 있다. 유자망은 고기떼를 찾아 이동하면서 잡는 방식이고 정치망은 고기들이 다니는 길목에 미리 그물을 쳐 놓고 잡는 방식이다. 정치망도 규모가 큰 멸치잡이 정치망이 있고 우리가 흔히 사 먹는 활어들(돔 종류, 볼락, 우럭, 농어, 숭어) 등을 잡는 약간 규모가 작은 정치망도 있다. 이전에는 이런 소규모 정치망 어업 방식이 일반화되어 있어서 어촌에는 자연산 생선들이 흔했다. 그런데 정부에서 기르는 어업을 장려하면서부터 대대로 내려온 일부 소규모

정치망들은 불법이라 하여 금지하게 되었다.

그리하여 가두리 양식장에서 사료를 먹여 키운 양식 활어가 일반화되었고 자연산 활어가 귀해진 것이다. 자연산 활어 맛보기가 어렵게 되면서부터 옛날에는 천대 시 하던 잡어들이 인기를 끌게 되었다. 작은 생선들은 양식을 하지 않기 때문에 다 자연산이라고 보면 된다. 그중에서도 멸치 어장에서 잡히는 잡어들은 종류가 다양하고 시중에 유통이 잘 되지 않아서 그런지 더 인기가 있다.

멸치 정치망은 말 그대로 멸치를 잡기 위해 쳐 놓은 그물이다. 그런데 그 그물 안에는 초대받지 않은 손님들이 있다. 멸치 어장에는 멸치 떼를 쫓아서 그물 안으로 들어왔다가 같이 잡힌 잡어들, 병어, 갈치, 호래기(꼴뚜기), 고등어, 전갱이 등이다. 자주 맛보지 못하는 맛있는 생선만 골라 넣어 둔 생선 종합 선물세트나 다름이 없다. 멸치어장 주인은 멸치만 많이 잡히기를 바라지만 주변 지인들(빈대?)은 이 초대받지 않는 손님들을 더 좋아한다. 나도 그 빈대 중에 하나다. 오늘도 빈대는 멸치어장을 어슬렁거리다가 씨알이 굵은 병어 몇 마리를 얻는 데 성공했다. 같이 딸려 온 멸치, 고등어, 아지는 덤이다.

병어는 넙치류와 함께 씹는 맛이 일품인 대표적인 흰살 생선이다. 성질이 급해서 올라오면 바로 죽기 때문에 시중에서 냉동이 아닌 싱싱한 병어회를 맛보기가 쉽지 않다. 이 초대받지 않은 손님인 싱싱한 병어를 생선을 보석 다루듯이 칼질을 하는 막내동생이 회를 떴다. 백종원도 감동할 솜씨다. 여기에 때깔이 좋은 매실주를 더했다. 이 비주얼을 보고 어찌 술이 넘어가지 않으리. 이런 맛에 통영에 산다.

통영 나물비빔밥

　통영에서 가장 자랑하고 싶은 음식 한 가지를 꼽으라 한다면 단연 통영 비빔밥이라고 말하고 싶다. 현지 사투리로 너물밥(나물밥) 또는 너물비빔밥(나물비빔밥)이라 불렀는데 외지 사람들이 많이 찾기 시작하면서부터 "통영 비빔밥"이라고 부르게 된 것 같다.

　통영 비빔밥을 일컬어 "헛제삿밥"이라고 하는 사람들도 있지만 엄연히 다르다. 헛제삿밥은 옛날 안동지방의 한 원님이 고을에서 제사를 지낸 뒤 비벼 주는 밥이 하도 맛이 있어서 번번이 청하자 제삿밥이라 속이고 그냥 만들어 주었다는 유래가 있다. 그러나 그 음식에는 제사를 지낼 때 사용하는 향냄새가 배어 있지 않았으니 그것을 헛제삿밥이라 불렀다. 통영 비빔밥이 헛제삿밥과 차별되는 점은 통영 비빔밥도 주로 제사, 명절 때 만들어 먹었지만 다른 지방과는 달리 제사를 지내고 남은 음식들을 비벼 먹는 것이 아니라 처음부터 비벼 먹도록 만들어졌다는 것이다. 특히, 다진 문어를 넣은 박나물과 조개와 홍합을 잘게 썬 두붓국이 들어간다는 것이 크게 다르다. 상큼한 해산물, 문어 맛이 밴 박나물, 조개와 조화를 이룬 두붓국이 환상의 조화를 이룬다.

각종 해초류들이 자라는 모습

필자가 통영 비빔밥에 관해 미천하지만 약간의 지식을 갖게 된 것은, 예부터 어장 일을 많이 하여 제사와 집안일들을 크게 지냈기 때문이다. 그에 따라 음식 준비하는 것을 가까이서 보고 자란 것이 전통 통영 비빔밥의 노하우를 잘 간직하게 된 연유이기도 하다. 음식을 준비하는 과정은 크게 세 가지로 구분할 수 있다. 첫째, 질 좋은 쌀을 준비하여 밥을 고슬고슬하게 짓는다. 둘째, 제철에 나오는 바다 해초류와 야채를 준비하여 갖가지 나물을 만든다. 계절에 따라 나물비빔밥의 맛이 다른데 해산물이 풍부한 겨울에 해 먹는 나물비빔밥이 제일 맛이 있다. 겨울에는 열 가지가 넘는 나물이 들어간다. 톳, 청각, 돌미역 등등…. 톳은 설 전후에 많이 채취하는데, 톳을 데쳐서 두부를 넣고 손으로 두부를 으깨면서 무친다. 두부가 묻어 있는 톳 나물은 고소한 맛이 난다. 톳 나물의 고소한 맛과, 청정해역에서 자란 싱싱한 자연산 돌미역과, 상큼한 청각의 맛이 조화를 이룬다. 셋째, 홍합과 바지락을 잘게 썰어 넣은 두붓국을 별도로 준비한다. 맛있는 나물을 많이 넣을지라도 일반적으로 비빔밥은 수분이 없어서 퍽퍽하기 마련인데, 통영 비빔밥의 히든카드는 바로 이 두붓국을 곁들이는 데 있다. 두붓국은 잘게 썬 홍합과 바지락을 두부와 함께 넣고 국물이 많지 않도록 끓이는데 국물 맛이 진한 것이 특징이다.

    이 세 가지의 구성요소 외에, 가을과 겨울에는 다진 문어를 넣은 박나물이 추가된다. 참박나물에는 돌문어가 들어가야 제맛이 난다. 얇게 다진 문어의 붉은빛이 참박에 곱게 스며들며 문어와 바지락의 맛이 아주 잘 어우러진다. 문어를 넣은 참박나물과 바지락과 홍합을 잘게 썰어 넣은 두붓국은 독특한 요리법이며, 헛제삿밥과 차별되는 통영만의 수준 높은 먹거리를 보여 준다. 두붓국과 박나물에는 쪽파를 아주 잘게 썰어서 고명으로 얹으면 통영 비빔밥의 준비는 끝나게 된다.

    그런데 여기서 통영 비빔밥이 다른 지역의 비빔밥이 차별되는 점이 한 가지가 더 있다. 일반적으로 비빔밥은 큰 양푼에 재료를 한꺼번에 넣어서 비빈 후에 각자 그릇에 담아 주지만 통영 비빔밥은 나물이 대접에 따로 담겨 나온다. 두붓국은 각자의 취향대로 양을 정하여 담는다. 바로 지은 쌀밥과 갖가지 바다 나물과 박나물에 두붓국을 넣고 비벼 먹으면 음식 맛의 조화가 바로 이런 것이구나 하고 감탄을 자아내게 된다. 참기름을 곁들이면 좀 더 감칠맛이 난다.

제사를 마치고 나면 제사를 지낸 모든 식구가 한자리에 앉아서 이 나물비빔밥을 먹게 된다. 통영 사람들은 달빛이 내려앉은 마당에 돗자리를 깔고 온 가족이 둘러앉아서 정성스럽게 준비한 나물비빔밥을 먹는데, 그 맛을 오랫동안 잊지 못한다고 한다. 아마도 '젯밥(제삿밥)에 더 관심이 많다'라는 말이 이 통영의 나물비빔밥을 두고 하는 말이 아닐까 한다(필자의 생각). 이전에는 이 나물비빔밥을 제사, 명절, 잔치 때만 먹을 수 있었는데, 이제는 생활에 여유가 생기면서 가끔씩 가족들이 모이면 별미로 해 먹기도 한다.

그러나 통영 나물비빔밥은 며칠 동안 갖가지 나물을 준비하고 가족과 친지들이 먹을 많은 음식을 준비하느라 제사나 명절 때마다 허리가 휘었을 통영의 여인네들에게는 생각하기조차 싫은 음식일지도 모른다. 통영 시내에는 통영 비빔밥을 전문으로 파는 식당도 있으니 통영 여행 시에 맛보시기 바란다.

두부조개국

나물비빔밥 상차림

신 서방이 용서한 해물뚝배기

오랜만에 창원에 사는 동생 내외가 찾아온다고 하여 시내로 마중을 나갔다. 그렇지 않아도 해물뚝배기를 한번 먹고 싶었는데 신 서방(매제)이 온다고 하니 잘 되었다고 생각했다. 해물뚝배기와 해물탕의 차이는 무엇일까? 해물을 뚝배기에 넣고 끓이는지 아니면 냄비에 넣고 끓이는 차이일까? 꼭 그렇다고 볼 수도 없는 것이, 끓이는 도구도 다르지만 요리 방법도 다르다. 냄비에서 끓이는 해물탕은 고춧가루를 넣고 얼큰하게 끓이고 해물뚝배기는 된장을 넣어서 담백하게 끓인다. 상업적으로 처음 선보인 음식의 선구자가 뚝배기에 해물을 넣고 구수하게 끓인 것은 해물뚝배기라 이름했으니 우리도 그렇게 부르고 있는 것이다.

미주 뚝배기는 항남 뚝배기와 함께 오랜 역사를 지니고 있다. 그중에서도 미주 뚝배기는 지금은 2층으로 옮기면서 깨끗해지고 친절해지기는 했지만 맛은 옛날 같지 않다고 말하는 현지인들도 많다. 이전에 1층에서 할머니 혼자 장사를 할 때는 손님들이 눈치를 보면서 사 먹기로 유명했다. 미국 보스턴에는 불친절해서 유명해진 한 식당이 있다. 음식을 손님 테이블에 던지면서 내려놓기도 하고 손님들에게 매우 불친절한데도 사람들이 끊임없이 찾는다고 한다. 불친절이 그 식당의 콘셉트이기는 하겠지만 식당은 기본적으로 음식 맛이 있어야만 한다는 전제가 깔려 있다. 미주 뚝배기는 그런 콘셉트야 설정도 하지 않았겠지만 친절하지 않은 것은 다 알고 있는 사실이었다.

내가 옛 미주 뚝배기 식당을 찾은 그날은 다행히 줄을 서서 기다리는 손님도 없었고 안에 넓은(4인용) 테이블도 비어 있었다. 나는 식당에 들어서자마자 도다리 눈이 되어야 했다. 식당 주인과 신 서방의 표정을 번갈아 보아야 했기 때문이었다. 4인용 테이블 1개, 2인용이 3개, 그리고 주방 옆에 평상 같은 방에 놓인 좌탁 1개가 전부인 아주 작은 식당이었다. 그렇지만 일부 고급 횟집들을 빼고는 통영에 있는 대부분의 식당과 별반 다르지는 않았다.

  신 서방은 식당에 들어설 때부터 표정이 별로 밝지 않았는데 점차 더 어두워져 가고 있었다. 이유는 짐작이 갔다. 식당 안으로 들어와도 주인은 우리를 쳐다보지도 않았다. 5분이 지났는데 물도 내어놓지도 않았고, 주문을 받을 생각도 하지 않았다. 성격이 급한 신 서방이 주인아줌마에게 한마디 하려고 하길래 그냥 기다려 보자고 했다. 평소의 식당 분위기를 그대로 느껴 보고 싶었기 때문이다. 실은 이런 것이 신 서방이 잘 모르는 원래 통영의 모습이기도 하다. 손님에게 간드러지게 인사를 하며 안내를 하는 대도시의 식당들과는 사뭇 다르다. 조카가 배가 고팠는지 칭얼대자 동생은 마트에서 사 온 김밥을 어린 조카한테 꺼내 먹였다. 잠시 후 조리대 안으로 머리를 숙이고 요리를 하던 주인아주머니가 옆 테이블 손님에게 음식을 내어왔다. 그 손님들도 잔뜩 찌푸린 얼굴이었는데 김이 모락모락 오르는 탐스러운 해물 요리를 보더니 이내 표정이 밝아졌다.

나는 김밥을 먹고 있는 여섯 살배기 조카를 빼고 3인분을 시키면서 주인 아주머니의 눈치를 살폈다. 한번은 여행객 4명이 통영의 모 식당에서 3인분을 시켰다가 주인과 싸우고 나가는데 뒤에서 소금을 뿌리더라는 글을 읽은 적도 있다. 그래서 조금 신경이 쓰였는데 주인은 별다른 말을 하지 않았다. 통영 사람들은 치사하게(?) 구는 것 같으면 그냥 넘어가지 않는다. 반드시 한마디하거나 손님과 싸우기도 한다. 그래서 우리도 김밥을 싸 와서 먹는 조카를 쳐다보던 주인의 표정을 유심히 살폈다. 잠시 후 다른 손님 일행이 들어왔다. "자리가 없으면 좀 있다가 올까요?" 하고 일행 중 한 분이 물었다. 참으로 배려 있고 여유 있는 손님이라는 생각이 들었다. 그런데 주인이 "나중에 와도 자리가 없기는 마찬가지일 겁니다"라고 말했다. 즉, 자리가 없으니 그냥 가든가 아니면 기다렸다가 먹으라는 뜻이었다. 신 서방은 어이가 없다는 듯이 웃기 시작했다. "형님, 꼭 이런 식당에서 먹어야 합니까?" 기다려 보자던 내게 항의하는 것 같았다. "그냥 더 기다려 보자."

잠시 후에 우리가 주문한 해물뚝배기가 나왔다. 음식은 각각의 뚝배기에 담겨 나왔다. 음식물이 넘칠 듯 연신 끓고 있는 모습이 마치 달걀찜을 보는 듯했다. 마치 버섯처럼 위로 수북한 머슴밥처럼 해물들이 뚝배기 위로 수북이 쌓여 있었다. 뚝배기 안에서는 내용물이 여전히 끓고 있었다. 그리고 주인은 아이 밥이라며 작은 그릇에 밥을 반 공기 정도 따로 담아 왔다. 아이가 얼마 먹지 못해 추가로 시키기가 그랬는데 여동생은 너무 좋아했다. 이것이 또한 통영의 모습이다. 통영 사람들은 표정은 무뚝뚝해도 속정이 깊다. 해물뚝배기에는 참소라, 고동, 조개류, 갯가재, 굴, 홍합, 오만둥이 등 해산물이 푸짐하게 나왔는데, 특히 된장을 풀어서 우려된 국물 맛이 일품이었다. 초라한 식당 내부도 그렇고, 친절하지 않은 주인도 맘에 들지 않았지만 시원한 해물뚝배기 국물을 몇 번 떠먹어 보던 신 서방이 한마디 내뱉었다. "아~ 형님, 모든 것이 용서가 됩니다."

　미주 뚝배기는 필자가 위 내용을 '김장주의 통영 여행'에 소개했기 때문인지는 몰라도 그 이후로 많은 사람이 찾아 문전성시를 이루게 되었다. 세월이 흘러서, 이제는 자제분인지 다른 분이 인수를 했는지는 몰라도 가게를 넓은 2층으로 옮겨서 계속 운영하고 있다. 이전보다는 넓고 깨끗해지고 친절해졌다. 그에 더해 맛도 변함없으면 하는 바람이다.

<이야기가 있는 그림>
어부의 망중한

통영의 고구마 빼떼기

　쌀이 귀하던 시절, 미륵도를 포함한 통영의 섬 지역에서는 겨울부터 이른 봄까지 점심에는 주식으로 고구마를 먹었다. 욕지도를 비롯한 미륵도에서 생산된 고구마는 당도가 매우 높고 수분이 알맞게 함유되어 있어서 요즘도 찾는 사람들이 많다. 고구마밭이 평지가 아닌 언덕배기에 있어서 배수가 잘되며 일조량이 풍부하고 해풍이 적당히 분다. 즉, 고구마를 재배하기 위한 최적의 기후 조건을 갖춘 것이다. 게다가 통영 사람들의 독특한 보관법과 요리 방식이 고구마를 주식으로 먹을 수 있도록 했다.

　고구마는 장기 보관이 어렵기 때문에 일부는 썰어서 말린 상태로 보관하다가 늦겨울쯤에 고구마가 바닥이 나기 시작할 때부터 보리가 나올 때까지 이것을 죽으로 쑤어 먹었다. 생고구마를 썰어서 말린 것을 빼떼기라 하고 빼떼기로 만든 죽을 빼떼기죽이라 한다. 죽으로 쑤어 먹는 납작한 빼떼기 외에 채로 썰어서 말린 '채 빼떼기'도 있는데 이것은 간식으로 먹거나 밥에 넣어 먹기도 했다. 그러나 채 빼떼기는 손이 많이 가기 때문에 일부 머슴을 둔 어장 아비 집에서나 먹었을 뿐 서민들에게는 사치스러운 음식이었다고 해도 과언이 아니다.

그러면 이 독특한 '빼떼기'라는 이름의 어원은 어디서 나온 것일까? 짐작을 해 보건대, '빼' 자는 뺏다(빗다의 경상도 사투리)의 첫 자를 딴 것으로 보인다. 예를 들면, 대나무를 빚어서 엮은 멸치 운반용 도구를 현지 사투리로 "빼따까리"라고 부르는데 따까리는 뚜껑의 경상도 방언이다. 즉 뚜껑처럼 생긴 납작한 모양의 도구를 빼따까리라 불렀기 때문에 '빼' 자에 담긴 의미를 짐작할 수가 있다. 그리고 "떼기"는 납작한 작은 딱지 모양을 지칭하는 경상도 방언이다. 즉, 고구마 빼떼기는 고구마를 떼기처럼 납작하게 빚은 것을 의미한다고 볼 수 있다.

고구마를 빼떼기로 만들 때 처음에는 무를 자르듯이 일일이 칼로 썰었다. 그러던 어느 날 빼떼기를 만드는 기계가 나왔는데, 개인용 컴퓨터가 처음 나왔을 때만큼이나 획기적인 발명품이었다. 고구마를 넣고 돌리기만 하면 세 개로 된 회전 칼날에 고구마가 자동으로 썰려 나왔다. 그나마 그 기계도 동네에 한두 집밖에 없어서 그 기계를 빌리기 위해서는 며칠 전부터 예약해야 했다. 고구마를 수확할 때 소를 하루 빌리면 그 대가로 고구마 줄기를 소 주인에게 주고 빼떼기 기계를 빌리면 빼떼기 한 자루를 주는 것이 관례였다.

1970년대를 전후로 통영의 늦가을에는 밭이며 집 마당에 온통 빼떼기를 말리느라 정신이 없었다. 다 말린 빼떼기는 비교적 보관하기 쉬운 드럼통에 넣어서 보관했다. 바닷가에는 선박용 기름을 많이 사용했기 때문에 드럼통이 흔했다. 겨울 동안 집안에 빼떼기를 넣어 둔 드럼통이 몇 개인가에 따라서 그 집안의 살림살이를 가늠할 수 있을 정도였다. 빼떼기는 점심을 대신해서 먹기도 했지만 아이들에게는 간식으로 그만이었다. 학교 갈 때는 가방이 불룩하도록 책 반 빼떼기 반을 넣고 다니면서 먹었다. 수업 시간에 입 안 가득히 넣고 오물오물하면서 먹다가 선생님께 들켜서 벌을 서기도 했지만 빼떼기를 훔치다가 엄마한테 들켜서 혼이 나는 것이 더 무서웠다.

빼떼기죽은 통영 섬사람들의 애환이 담긴 추억의 음식이지만, 잊힐 뻔하다가 필자가 30여 년 전에 인터넷상에 처음 소개를 하고 나서부터 많은 사람들이 관심을 가지게 되었다. 이제는 식당에서도 팔게 되었고, 색다른 음식으로 또

웰빙 음식으로 외지인들이 많이 사 먹는다.

빼떼기죽의 요리 방법은 이러하다. 빼떼기와 유월돈부(또는 팥)를 넣은 솥에 물을 조금 넣고 삶는다. 다 끓고 나면 식힌 후에 다시 찬물을 둘러서 한 번 더 끓이면 딱딱하던 빼떼기가 잘 퍼진다. 요리하기 전에 물에 넣고 미리 불리면 단맛이 빠진다. 다 퍼지고 나면 마지막으로 조를 넣고 한 번 더 끓인다. 그렇게 빼떼기죽이 완성된다. 즉, 세 번에 걸쳐서 끓여야 하므로 정성이 많이 들어가는 음식이다. 설탕을 약간 넣어서 먹으면 더욱더 감칠맛이 난다.

빼떼기죽을 더 맛있게 만드는 팁 한 가지가 있다. 빼떼기는 딱딱하기에 물에 불리면 제맛이 나지 않는다. 그냥 끓이다 보면 퍼지지 않아 고생을 하기도 한다. 이 경우에는 소다를 적당히 사용하는 것이 좋다. 소다를 넣으면 신기하게 빼떼기가 끓이는 도중에 다 풀린다. 그러나 소다 양을 잘 조절해야 한다. 너무 많이 넣으면 쓴 소다 맛이 난다. 3인분에 커피 한 스푼 정도가 적당하다. 빼떼기죽 만들기 팁 두 번째는 팥을 넣어도 맛이 있지만 유월돈부(검붉은 큰 콩)가 최고 맛있다는 것이다. 6월 돈부를 사전에 물에 불려서 빼떼

기와 함께 넣으면 된다. 유월돈부는 삶아도 두꺼운 껍질 때문에 잘 으깨지지 않아 콩 특유의 고소한 맛이 살아 있다. 빼떼기죽은 묵은 김치와 곁들여서 먹어야 제맛이 난다. 고구마와 김치는 서로 궁합이 잘 맞는다. 빼떼기죽은 정성을 다하는 요리법도 중요하지만 무엇보다도 고구마가 맛이 있어야 한다. 통영 고구마가 아니면 도저히 그 맛을 느낄 수 없다는 것을 감히 말하고 싶다.

어떤 멸치가 맛이 있을까?

통영 사람들은 멸치를 그냥 "멸"이라 부른다. "치"자가 붙은 다른 생선들과 차별하고 싶은 까닭일까? 여러 종류의 멸치 중에서도 굵은 봄멸을 제일 좋아한다. 외지 사람들은 작은 볶음용 멸치를 좋아하지만 통영 사람들은 굵은 멸치를 대가리와 뼈와 분리해서 볶아 먹거나 그냥 고추장에 찍어 먹는다. 이렇듯 큰 멸치는 손질을 해야 하는데, 무뚝뚝하고 자상하지 않기로 유명한 통영 남자들이 유일하게 돕는 가사일이 멸치 손질하는 것과 생선회 뜨는 일이다.

크기와는 별도로, 세상에는 두 종류의 멸치가 있다. 맛있

는 멸치와 맛없는 멸치. 그렇다면 어떤 멸치가 맛이 있을까? 대부분 죽방멸치가 맛있다고 답을 할지도 모르겠다. 죽방멸치가 맛있다고 알고 있는 것은 마케팅 효과 때문이라고 해도 과언이 아니다. 다량으로 잡는 유자망과 정치망 멸치와 달리 죽방멸치는 소량으로 잡기 때문에 간을 잘 하고 자연건조해서 말리기 때문에 같은 멸치라도 약간의 품질 차이는 날 수밖에 없다. 그러나 멸치의 맛을 결정하는 것은 잡는 방식에 있는 것이 아니며 근본적으로 멸치의 종류가 다른 것이다. 대부분의 사람이 죽방멸치가 제일 맛있다고 알고 있기 때문에 시중에는 고급 멸치를 그냥 죽방멸치라 부르기도 한다.

　사진을 보면, 위에 있는 멸치는 맛이 없는 멸치이고 아래에 있는 멸치는 맛이 있는 멸치이다. 이렇듯 멸치는 근본적인 태생부터가 다르다. 이러한 근본적이 차이 외에 맛에 큰 영향을 주는 것은 유통 과정이다. 멸치는 90% 정도만 말려서 냉동 보관하여 팔기 때문에 구입 후에도 냉동 보관해야만 맛을 유지할 수 있다. 산지에서 사면 맛이 있지만 외지의 시장에서 파는 멸치가 맛이 떨어지는 이유는 이 보관 방법 때문이다. 통영의 시장에서는 그날 팔 멸치만 매대에 내어놓고 나머지는 냉동 창고에 보관한다.

필자는 멸치와 관련된 특별한 인연이 있다. 어릴 적에는 집에서 직접 멸치를 잡았기 때문에 여름 방학만 되면 멸치를 삶고 말리는 일을 돕느라 지겹도록 일만 한 기억이 있다. 아침저녁으로 멸치 반찬을 먹었고, 학교 다닐 때는 도시락 반찬도 멸치였다. 어쩌다 친구들이 어묵을 싸 오면 그것이 그렇게 먹고 싶었다. 아니, 도시락에 어묵 반찬을 싸 가는 것이 소원이기도 했다.

그렇게 세월이 흘러서 비즈니스를 하게 된 지금 그 지겨운 멸치가 또 다는 인연으로 다가왔다. 고객의 명절 선물로 멸치를 선물하고부터이다. 멸치에 대해서만큼 필자는 누구보다 깐깐하고 많이 알기 때문에 단골 상인은 알아서 좋은 멸치를 미리 준비해 놓는다. 같은 멸치라도 날씨가 좋은 날에 말린 멸치가 품질이 좋다. 어릴 적에는 멸치가 우리 집에 많은 부를 안겨 주었는데, 지금은 그 멸치가 비즈니스를 엮어 주는 툴이 되었다. 고추장에 찍어 먹는 굵은 멸치와 볶음용 멸치 1kg 박스 두 개를 한 세트로 해마다 몇백 개씩 주문한다. 멸치가 좋다는 소문이 나서 이제는 고객들이 직접 추가로 주문을 하기도 하고 고객들의 소개로 다른 회사에

식당의 멸치요리 정식

서 다량의 멸치를 주문하기도 한다. 그래서 명절 때만 되면 필자의 소개로 해마다 많은 양의 통영 멸치가 외지로 팔려나가고 있다.

통영에만 있는 우짜

아주 오래전에 통영 서호 시장에서 한 할매(할머니)가 짜장과 가락국수를 팔고 있었다. 서너 명이 겨우 엉덩이를 걸칠 수 있는 1자로 된 나무 의자에 리어카를 개조한 포장마차가 시설의 전부였다. 서호 시장에 장 보러 온 사람들과 고기를 팔러 온 섬사람들 등 찾는 사람들이 많아 늘 북적거렸다. 특히 디포리와 멸치를 듬뿍 넣어서 끓인 우동 국물 맛이 일품이었다. 나는 엄마를 따라서 장에 가면 늘 우동을 사 먹었다.

그런데 어느 날, 여느 때와 같이 냄비 우동을 시켜서 먹고 있었는데 옆에 어떤 아저씨가 할매에게 '우짜'를 달라고 하는 것이었다. 나는 참 희한한 주문을 다 하는구나 하고 생각했다. 할매는 우동 냄비에 갑자기 김이 무럭무럭 나는 짜장을 한 쪽(국자의 통영 사투리) 가득 떠서는 우동 위에다 얹어 주는 게 아닌가? 나는 그것이 너무나 먹음직스러워 보여서 먹던 것을 잠시 멈추고 그 우짜라는 것을 한참 동안 쳐다보았다. 그러고는 용기를 내서 "할매요. 나도 저 까만 거 좀 얹어 주이소." 하면서 먹던 우동 냄비를 내밀었다. 그랬더니 할매는 "택도 없제. 저거는 우짜를 시키야만 주는기라."라고 했다. 나는 한 번 더 부탁을 했다. 아니, 사정을 했다. "할매요. 내가 몰랐다 아닙니꺼. 담에는 우짜를 시키킹께 좀 주이소." "아. 안 된다 카이." 할매는 무정하게도 딱 잘라 말하면서 얼굴을 돌려 버리는 게 아닌가?

우짜는 약 50여 년 전, 우동의 국물 맛과 짜장을 동시에 먹고자 하는 고객들의 요구로 짜장에 우동 국물을 약간 넣어 만들어졌다. 우짜를 인터넷에 소개하기 위해서 처음 방문했을 당시 우짜 할매는 요리에 대한 자부심이 대단하셨다. 50년의 노하우를 살려서 반듯한 식당에서 우짜를 통영의 전통식당으로 멋지게 꾸미고 싶다는 포부를 밝히기도 했다. 그러나 우짜 할매는 나이가 들고 더 이상 식당 일을 할 수가 없어서 평생의 꿈을 가슴에 안은 채 2004년 말, 다른 분께 식당과 노하우(?)를 물려주고 몸져누우셨다.

　새 우짜 주인은 오랫동안 식당 일을 해 오신 분이라서 우짜 기술을 쉽게 전수받을 수 있었다고 했다. 그런데 새로 시작한 식당이 너무 썰렁하기만 하고 찾는 사람이 없었다. 안쓰러워 보이는 주인은 필자를 보면서 이렇게 묻기도 했다. "장사가 되겠습니까예?" 그래서 도움을 좀 드리고자 필자가 손수 만든 작은 액자 하나를 걸어 주었으며 인터넷(김장주의 통영 여행)에 소개를 해 주었다. 그렇게 우짜가 통영에서 잊히는 듯하다가 관광객들에게 조금씩 알려지는 계기가 되었다.

　세월이 더 흘러서 지금은 자제분들이 인수하여 운영하고 있고 가게는 줄을 서서 먹을 정도로 유명해졌다. 지금의 주인은 최초 홍보를 해 준 필자의 공(?)이 조금은 있었다는 사실을 알고 있을까? 물론 몰라도 상관은 없겠지만, 처음에 리어카에서 시작했던 스토리와 옛 맛은 변함없이 이어

할매우짜와 항남우짜

갔으면 하는 바람이다.

　필자와 더불어 통영 사람들에게는 지금까지도 변함없는 모습과 맛이 느껴지지만 외지 사람들은 기대를 많이 한 나머지 다소 실망할지도 모르겠다. 그렇지만 우짜는 통영 사람들이 맛보다는 추억으로 먹는 음식이다. 현지인들의 생활 속에 담긴 스토리와 다른 데서 경험하지 못한 맛을 체험하는 것이 또한 여행의 묘미가 아닐까?

생선회보다 스끼다시

햇살이 따뜻한 어느 여름날, 물때가 어중간하여 바다에 나가기에는 약간 이른 시각에 한 어부가 집 앞 뗏목에서 친구들과 소주잔을 기울이고 있었다. 어촌마을에 가끔씩 있는 풍경이다. 안주는 지천에 널려 있다. 5분만 배를 타고 가면 가두리에는 펄떡거리는 활어들이 있고, 전복 양식장에서 전복 몇 마리 꺼내서 썰어 먹어도 된다. 그것도 부족하다면 주복(정치망)을 들어 올리면 자연산 농어, 감성돔, 볼락, 도다리, 장어, 아지, 호래기 등 수없이 많은 안주거리가 있다.

배 물 칸 구석에는 팔다 남은 생선들도 몇 마리 있다. 아니면 빨랫줄에 널려 있는 말린 생선을 조선간장에 찍어 먹어도 된다. 그렇지만 그것도 귀찮다. 그냥 뗏목에 앉은 채 대나무 낚싯대로 발밑에서 놀고 있는 문주리(망둑어)나 낚아서 안주로 때우기로 한다. 미끼는 고동을 잡아서 낚싯바늘에 끼기만 하면 된다. 규격도 모를 낚싯바늘에 고동 한 개 끼웠을 뿐인데, 수십 마리의 문주리들이 몰려들어서 서로 먹겠다고 난리다. 그중에 두세 마리만 낚아서 썰어 안주로 한다. 뭐 하나 부족함이 없이 풍요롭다.

그런데도 마음 한구석에 뭔가 허전함이 자리 잡는 까닭은 무엇 때문일까? 소주도 있고 생선회 안줏거리도 있는데 말이다. 왜 그럴까? 그것은 바로 스끼다시가 없기 때문이다. 소주와 회가 메인이라면 엑스트라 음식은 스끼다시인 셈이다. "주연보다 조연"이라는 말도 있듯이 술을 마실 때는 메인보다 엑스트라가 더 인기가 있는 경우가 있다.

통영 사람들은 외식 자체를 잘 하지 않는 편이다. 식당에서보다 더 싱싱한 생선회를 언제든지 맛볼 수 있기 때문일까? 통영 사람들이 외식을 한다면 그 이유는 스끼다시 때문이라 해도 과언이 아니다. 스끼다시를 일본 말이라고 하여 언론에서는 잘 쓰지 않고 밑반찬 사이드 디시 등으로 대신 부르기도 한다. 필자도 그러고 싶다. 그렇지만 아무리 고민을 해 봐도 스끼다시를 대신할 말로 밑반찬은 뭔가 감성적 표현이 부족한 것 같다. 집에서 먹는 밑반찬들과 별반 다르지 않을 것 같은 느낌이 들기 때문이다.

스끼다시의 정확한 뜻은 무엇일까? 맞는 발음으로는 쯔키다시(つけだし)이고 일본어 표기로는 突き出し이다. 사전적으로는 "쑥 내밀다", "밀어냄", "곁들임" 등의 뜻이 있다. 식당에서는 처음에 내놓는 가벼운 안주나 음식을 가리키며, 스모에서는 상대방을 밀어내는 것을 가리키며, 비즈니스적으로는 그 업계에 처음 접어든다는 의미 등 여러 가지로 사용된다. 그중에서 음식으로서의 의미만 한국에서 스끼다시로 불리면서 사용되고 있는 것이다. 필자도 밑반찬이니 쯔키다시보다는 그냥 우리가 흔히 사용하는 스끼다시라 부르겠다.

통영의 식당에서 나오는 스끼다시는 종류가 다양하며 메인 요리보다도 더 인기가 있다. 종류로는 생선구이, 멍게,

꽃게, 개불, 조개류, 고동, 소라, 해초류, 호래기, 미더덕, 전복, 홍합, 굴 등등이 있다. 식당 주인들은 이 스끼다시 때문에 죽을 맛이라고 한다. 식당마다 다르겠지만 일반적으로 횟집들은 이삼십여 가지 정도 나오는데 이 맛에 길든 통영 사람들 때문에 줄일 수도 없는 실정이다. 산지이면서도 생선회 값이 저렴하지 않은 이유가 여기에 있다.

중앙시장의 노점에서 생선회를 싸게 사서 푸짐하게 먹어 봐도 스끼다시가 없기 때문에 뭔가 아쉬움이 남는다. 술맛을 돋우는 데는 스끼다시를 빼놓을 수 없다. 참고로, 수족관의 생선회들은 갇혀 있는 스트레스 때문에 기름기가 빠져 맛이 덜할 수 있다. 그러나 대부분의 스끼다시는 그날 어민들이 잡아서 시장에다 파는 해산물들을 사서 준비하기 때문에 신선하다. 각기 다른 식감을 지닌 다양한 스끼다시와 함께 술을 마시다 보면 마치 오랜 친구를 만나서 옛이야기를 나누는 것 같은 즐거움이 느껴진다.

다찌의 어원에 대하여

　통영에는 전국에서 유일하게도 "다찌"라는 술 문화가 있다. 다찌를 생각하면 술과 친구가 생각난다는 사람들도 있고, 맛깔나는 해산물 요리가 생각난다는 사람들도 있다. 통영에는 술 문화가 크게 두 가지로 나뉘는데, 그것은 횟집과 다찌집이다. 회를 아주 좋아하는 사람들이나 단체 모임이 있을 경우를 제외하고는 대부분의 사람은 횟집보다는 간단하게 다찌집에서 술 마시기를 좋아한다.

　다찌집에는 냉장고가 없다는 말이 있다. 어민들은 전날과 간밤에 잡은 해산물과 생선들을 새벽시장에 내다 파는

데 식당 주인들은 이것들을 사서 안주로 만들어 당일 손님들에게 제공한다. 일기가 좋지 않아서 조업을 못 하면 안주가 부실해질 수도 있고 어제 맛본 음식이 오늘은 제공되지 않을 수도 있다. 이것 때문에 음식 사진을 찍어 와서 왜 이 음식이 나오지 않느냐고 항의하는 외지 관광객들도 있다. 다찌는 서민적인 분위기에다 갖가지 해산물까지 맛볼 수가 있고 부담 없이 술 한잔하기에 좋아서 통영 사람들이 즐겨 찾는다. 다찌집에 가면 통영 사람들의 살아가는 모습을 엿볼 수도 있다. 생활의 주요 화두가 무엇인지, 어떤 생각들을 하고 어떻게 살아가는지 등등. 그래서 통영 사람들과 함께해 온 다찌에는 사람들의 애환이 배어 있다고 할 수 있다.

이처럼 통영 사람들 생활 깊숙이 술 문화로 자리 잡은 "다찌"라는 말은 과연 어디서 나온 것일까? 그리고 통영의 다찌 문화는 언제부터 시작이 되었을까? 불과 삼십여 년 전만 하더라도 다찌를 즐기고 사랑하는 통영 사람들일지라도 이러한 질문을 받는다면 시원하게 대답하지 못했다. 단지 알고 있는 지식이라고는 일본 말이 아닐까 하는 정도였다. 물론 필자도 그와 같은 질문을 많이 받았다.

통영 시내 전경

그래서 그 유래에 대하여 직접 알아보기로 했다. 그러나 통영에서 오래 살았던 어른들이나 다찌집 주인, 다찌를 즐기던 배 타는 친구들한테 물어보아도 알 길이 없었다. 남아 있는 문헌도 없었으며 정보의 바다라 불리는 인터넷에서 검색을 해 봐도 다찌의 유래에 대한 설명은 없었다. 음식이 많이 나오므로 '다 있지'의 줄임말이라고 말하는 사람도 있었다. '다 있지'라는 도회지 사람들이 사용하는 낯간지러운 말을 통영 사람들이 했을 리가 만무하다. 일본에서도 통영과 같은 '다찌'라는 술집을 본 기억이 없다. 그렇지만 다찌라는 말이 일본 말의 잔재임에는 틀림없어 보였다.

우연히 몇몇 일본인들을 만날 기회가 있어서 다찌에 대해서 물어보았다. 그랬더니 놀랍게도 일본에는 다찌라는 술집은 없지만 먹는 문화와 관련하여 다찌라는 말을 사용하고 있다고 했다. 일본에서는 "다찌"라는 단어 자체만을 사용하지는 않고 술과 음식을 먹는 것에 따라서 다찌노미와 다찌구이로 불린다고 한다. 다찌노미(立ちのみ)라는 말은 "술을 서서 마신다"라는 뜻이다. 즉, 부담 없이 간단하게 술을 한잔할 때를 일컫는다. 그렇다고 해서 다찌노미라는 술집이 따로 있는 것이 아니며 서서 마시는 것 자체를 다찌노미라 한다. 일본의 일부 테이크아웃 커피전문점에서 저녁에 잔술을 팔기도 하는데, 이 경우에도 다찌노미라 한다. 그리고 다찌구이(立ち食い)라는 말이 있는데 이것은 음식을 서서 먹는 것을 의미한다. 일본에서는 오래전부터 역 주변에서 우동이나 라면을 서서 먹는 식당을 종종 볼 수 있는데 이 경우를 다찌구이라 한다.

최근 들어서 우리나라에서도 편의점에서 컵라면 등을 서서 간단하게 먹는 것을 가끔 볼 수 있다. 일본에서는 의자에 앉아 먹을 때는 따로 돈을 받는 식당도 있다. 이제 다찌의 어원을 짐작할 수가 있을 것이다. 즉, 다찌노미란 서서 술을 마신다는 뜻인데 부담 없이, 편리하게, 저렴하게 술을 마신다는 의미가 담겨 있다고 보면 된다. 통영의 다찌란 일본 다찌노미의 줄임말인 것을 짐작할 수 있다.

이제 다찌의 역사적인 내용과 그 의미에 대해서 알아보기로 하자. 통영에서 다찌라는 말과 문화가 생겨난 시기는 일제강점기와 그 이후일 것이다. 통영은 기후가 온화하고 각종 해산물이 풍부하여 일제강점기에는 일본인들이 많이 몰려와서 살았다고 한다. 특히 미륵도 주변, 지금의 도남동 일대에 일본인들이 많이 살았다고 전해진다. 일본이 패망하여 본국으로 돌아간 후에도 통영을 잊지 못하는 일본인들이 모여서 통영을 사랑하는 모임을 결성하여 가끔씩 통영을 다시 찾기도 했을 정도라고 한다. 일제강점기 때부터 다찌가 시작되었는지는 모를 일이며 기록에도 없지만 통영에 거주하던 일본 사람들에 사이에서 그 이름이 오르내린 듯하다.

뱃머리라 불리던 강구안 근처는 '부산-옛 충무-여수' 뱃길의 중심지였으므로 외지로 다니던 손님들을 상대로 하여 음식문화가 발달했다. 빵과 충무김밥이 대표적인 테이크아웃 음식들이다. 반면에 서호 시장과 중앙시장은 생선을 팔고 장을 보러 온 섬사람들을 상대로 포장마차나 간이식당 등에서 음식문화가 발달했다. 그 대표적인 것이 시락국, 죽, 밀장국, 우짜 등이었다. 즉, 이런 음식들이 일본에서 다찌구이와 다찌노미라 불릴 수 있는 음식 문화의 시작이었다.

상인들이 시장 골목에 서서 대포 한잔하던 것으로 다찌

노미가 시작되었을지는 몰라도 지금의 다찌 문화는 뱃사람들에 의해서 발전된 것이라 보는 견해가 옳다. 통영에서는 바다, 어부들과 분리하여 술 문화를 이야기하기는 힘들다. 이전부터 통영은 배 사업이 활발했다. 장어통발, 멸치잡이, 대구발이 등에 종사하던 어부들이 육지에 내리면 뱃머리의 여행객들과 시장 사람들을 위한 허기를 달랬던 식사 위주의 음식을 먹기보다는 몇 점의 해산물과 생선회를 놓고 소주 한잔하면서 회포를 풀기를 좋아했다. 그래서 다찌노미에서 발달하여 그냥 다찌라고 불리는 통영만의 술 문화가 만들어졌다고 볼 수 있다. 즉, 다찌노미의 편리성, 어부들, 통영의 풍부한 수산물이 어우러져서 오늘날의 통영만의 독특한 술 문화가 탄생한 것이다.

 통영의 바닷가 근처, 서호동과 항남동 일대에는 어부들을 위한 이런 다찌집들이 많이 생겨났다. 다찌란 선술집의 업그레이드된 술 문화라고 보면 된다. 통영 사람들의 입맛은 각종 회와 해산물에 길들여져 있다. 그래서 손님들의 입맛을 맞추기 위해서 다찌집 주인들은 늘 계절에 맞는 해산물들을 준비해 놓고 손님들에게 안주로 내놓고 있다. 지금은 가격대별로 기본 메뉴가 정해져 있는 곳이 많지만 이전에는 기본이 나오고 추가로 술을 시켜야만 안주가 따라 나왔다. 술을 많이 마시는 뱃사람들의 특성을 잘 이용한 고도의 상술이기도 하다.

또한 해산물에 대해서는 유별나게 까다로운 어민들의 입맛과 다른 지역에서는 없는 사시사철 풍부한 해산물들이 있었기에 오늘날까지 다찌 문화가 이어지고 있는 것이다. 막 썰어서 먹던 투박한 음식문화에서 음식을 최대한 보기 좋게 차리는 음식의 디스플레이 문화가 다찌와 함께 시작된 것은 자랑할 만하다. 그래서 다찌라는 어원 자체를 놓고 일본 문화의 잔재니 하는 등의 평을 하는 것은 바람직하지 않다고 본다. 이전의 어느 통영 시장은 다찌는 일본 말이라고 다찌라는 간판을 없애라고 하기도 했다. 애꿎은 다찌집 주인들은 많은 돈을 들여서 이름을 실비집으로 바꾸었다고 한다. 아직도 실비집 이름을 단 다찌집들이 많이 있다. 최근 들어서 통영시에서는 다찌에 대해서 관심을 가지기 시작했고 다찌 문화를 활성화할 방안을 모색하고 있다고 들었다. 참으로 다행한 일이 아닐 수 없다. 통영의 풍부한 해산물 인프라와 함께 다찌를 전국, 아니 세계의 관광 상품으로 발전시켰으면 하는 것이 개인적인 바람이다.

다음 내용은 통영을 다녀간 어느 여행객이 '김장주의 통영 여행'에 올렸던 여행기의 일부이다. 이전에 안주가 잘 나올 때 이야기이므로 지금 기대하시는 것은 금물이다.

"안주가 나온다. 조개, 돌미역, 새우, 가재, 굴, 멍게, 생선 넣어 끓인 미역국, 부침개, 샐러드 등. 그리고 큰 꽁치가 왕소금 뿌려 구워 나왔다. 아마 그것 말고도 여러 가지가 나왔을 거다…. 생선회에 해삼, 개불 그리고 기억도 잘 안 난다. 하여튼 또 몇 가지의 해물이 같이 나왔다. 우리는 계속 고문당하듯 먹고 있는데 닭똥집 야채볶음이 들어온다. 거의 기절 직전. 그러더니 드디어 산낙지가 들어왔다. 기절~. 하여튼 우리 부부는 뒤에 들어온 진국들을 거의 남기고 그곳을 나왔다. 아주머니께서 '술을 영 안 드시네. 술 더 드셨다면 또 더 나올 안주들이 있는데….' 하신다. 우리는 다시 기절."

통영의 유명한 모 다찌집에
'김장주 씨가 추천한 집'이라는 현수막이 붙어 있다.

통영 최고의 요리는 반건조 생선찜

크고 싱싱한 생선 한 마리가 있다면 어떻게 요리해야 더 맛이 있을까? 회로? 구워서? 매운탕으로? 찜으로? 생선은 종류와 상태에 따라서 요리 방법도 다르고 각기 다른 맛을 지니고 있다. 그런데 위 세 가지 요리 방법 외에 우리가 쉽게 접하지 못한 요리 방법이 있다. 바로 통영의 전통 반건조 생선찜이다. 손이 많이 가고, 적당한 수분을 유지하면서 유통하기가 쉽지 않아서인지 아니면 요리법이 알려지지 않아서인지는 몰라도 일반 식당에서는 맛보기가 쉽지 않다. 생선이 많이 유통되는 통영에서조차도 주로 명절, 제사 등 집안에 큰 행사 때만 준비를 했다. 고급 생선을 사용하기 때문에 가격이 비싼 것도 한 이유일 것이다. 이제는 찾는 사람들도 많아지면서 반건조 생선요리를 전문으로 하는 식당도 생겼지만 전통의 맛을 재현할 수 있을지는 의문이다. 왜냐하면 반건조 생선찜은 질 좋은 생선의 선택과 정성이 맛을 좌우하기 때문이다.

 바다의 삶은 거칠고 늘 위험하다. 그래서 어촌에서는 바다 신을 달래기 위해 풍어제, 별신굿, 할만네 등을 지내고 명절과 제사 때는 정성을 다해서 음식을 준비한다. 제사 음식 중에서 최고의 하이라이트 음식은 단연 도죽이다. 제사상의 한 가운데 놓이는 이 도죽은 통영 음식의 진수를 보여준다고 해도 과언이 아니다. 40~50센티미터 정도의 굵은 참돔을 반건조해서 찜으로 요리한 것이다. 이는 단순한 요리의 의미를 넘어서 생선의 크기에 따라 그 집의 살림살이의 측도가 되기도 한다. 1주일에서 열흘 정도 전부터 배를 따서 알맞게 간을 하고 양지바른 곳에서 말린다. 날씨가 너무 더워도 살이 익고, 습하면 상하기 쉽고 너무 추워도 잘 마르지 않는다. 날씨에 따라서 염도를 잘 조절하면서 말려야 하기 때문에 여간한 정성으로는 어려운 일이다.

　더구나 최고의 복병은 도둑고양이이다. 간을 잘못하거나 잘못 말려서 품질이 떨어지는 것은 용서가 될 수는 있어도 고양이에게 도둑맞는다면 집안 어른들의 무서운 눈총을 피하기 힘들다. 거의 초상집 분위기가 될 수도 있다. 필자는 어머니가 온 정성을 다하여 도죽과 자반을 말리는 것을 보아왔기 때문에 그 준비 과정을 잊을 수가 없다. 해마다 제사를 열흘 정도 앞두고는 잠을 못 이루셨다. 크고 때깔 좋은 도죽 거리가 정치망에 잡혀 주어야 할 텐데 하면서 잠을 설치곤 하셨다. 그런데 어머니의 간절한 바람 때문이지는 몰라도 해마다 그때가 되면 큼직한 돔이 떡하니 잡혀 주었다.

　도죽은 반드시 집에서 직접 준비를 하지만 어장 일이 너무 바쁘거나 이런저런 이유로 자반용 생선을 준비하지 못했을 경우에는 시장에서 반건조 생선을 사서 준비할 때도 있다. 그런데 이런 경우에 집안 어른들은 바로 맛 차이를 알아내고는 내심 언짢아하시기도 한다.

　생선만 준비되면 요리는 그리 어렵지 않다. 적당히 말

린 생선을 넣고 실고추와 껍질을 벗긴 통깨를 골고루 뿌린 다음 찜통에다 약 1시간 정도 찌는데 이것이 요리의 전부이다. 식재료가 워낙 좋기 때문에 요리 방법은 의외로 간단하다. 한꺼번에 많은 생선찜을 할 경우에는 솔잎이나 대나무 잎을 중간에 넣어서 생선끼리 붙지 않게 한다. 이전에는 차례를 지낼 때와 제사 때만 맛볼 수 있었지만 요즘에는 별미로 해 먹기도 한다. 반건조 생선찜은 필자가 너무 좋아하여 어머니께서 명절 때마다 준비를 해 주신다. 또한 제사 때는 친척, 이웃들과 나누어 먹기 위해서 넉넉한 양을 준비한다. 찜으로는 돔 종류, 물메기, 갈치, 장어, 가자미. 전갱이, 볼락 등 많지만 도죽은 참돔이 최고이고 자반은 중간 크기의 아까모스를 최고로 쳐 준다.

반건조 생선을 만드는 과정

자반 고기를 한꺼번에 찌고 있는 모습

반건조 참돔찜

<이야기가 있는 그림>
통영 밤바다

통영의 무시김치 맛

　필자가 신입사원 시절에 미국 출장을 갔다가 한 가지 특이한 모습을 보고 놀란 적이 있다. 사람들이 하나같이 생수병을 사서 들고 다니는 모습이었다. 지금은 생수를 사 마시는 것이 일반화되었지만 그 당시만 하더라도 수돗물을 그냥 마셨고 물을 사서 먹는다는 것은 상상할 수 없었다. 우리가 먹는 김치도 마찬가지이다. 지금은 김치를 시장에서 사서 먹는 사람들이 많지만 이전에는 김치를 집에서 담가서 먹지 않고 사서 먹는다는 것은 상상할 수도 없었다.
　그렇다면 김치는 언제부터 상업적으로 팔기 시작했을

까? 아마도 김치를 상업적으로 팔기 시작한 것은 통영이 최초가 아니었을까 예상해 본다(순전히 필자의 생각). 통영에서는 아주 오래전부터 김치를 팔았다. 장어통발 배가 성행하던 시절에 시꾸미(선상 생활에 필요한 물품을 구입하는 일) 시장이 매우 활성화되어 있었다. 많은 시꾸미 물품 중에서도 김치의 중요도가 매우 컸다. 장어통발 배가 한번 조업을 나가면 보름 정도 바다에서 생활하게 되었는데, 대여섯 명이 먹을 음식을 한꺼번에 미리 준비해서 싣고 갔다.

 당시 통발배는 최고의 부를 안겨주었으므로 시꾸미를 하는 데 돈을 아끼지 않았다. 통영에는 쌀이 귀해서 보리와 고구마를 주식으로 먹었지만 선원들은 매일 쌀밥을 먹었다. 그것이 일반 사람들이 부러워하는 장어통발배 선원들만의 특권이었다. 쌀, 김치, 생수, 감바(비옷) 외에 시꾸미에서 빼놓을 수 없는 또 한 가지가 담배였다. 필자의 작은아버지는 서호 시장에서 선구점을 운영하셨는데 담배도 함께 팔았다. 시꾸미로 얼마나 많은 담배를 팔았던지 한때 전국에서 판매량이 1위였다고 한다. 보름 동안 바다에서 생활하던 선원들은 쌀밥에 장어국과 김치만 먹었다. 매일 쌀밥만 먹는 배 타는 친구들이 부러워서 방학 때 장어통발배 화장(배 주방장)으로 보름만 다녀오겠다고 했다가 어머니한테 혼이 났던 일이 기억난다.

일조량이 많고 배수가 잘되는 비탈밭에서 자란 통영의 무시(무의 사투리)는 아삭거리는 맛이 일품이다. 충무김밥이 유명한 것도 무시김치 때문이라 해도 과언이 아니다. 게다가 어린 볼락, 생굴, 멸젓을 넣어 담근 통영의 겨울 무시김치는 감칠맛이 대단하다. 필자는 지금도 김치만큼은 서호 시장에서 사 먹고 있는데 아직도 그 맛은 변함이 없다. 오랜 전통과 맛을 지닌 통영 김치를 맛보고 싶다면 통영 행시에 서호 시장에서 무시김치를 사 드시기를 바란다. 특히 볼락김치는 겨울이 제철이다.

볼락김치

굴김치

통영 꿀빵 이야기

 같은 음식이라도 스토리가 가미되면 맛이 배가 되기도 한다. 통영 꿀빵은 도넛에 꿀을 빙자한 물엿을 발랐을 뿐인데 사람들이 줄을 서서 사 먹는 이유는 스토리 때문이다. 오래전 통영 시청 홈페이지도 없던 시절에 필자는 "오미사 꿀빵"을 처음으로 인터넷(김장주의 통영 여행)에 소개했다. 오미사가 처음 장사를 할 당시에 통영에는 서호 시장과 여객선 뱃머리에서 꿀빵을 파는 노점 상인들은 있었지만 가게에서 파는 곳은 오미사가 유일했다. 당시만 해도 꿀빵은 현지인들과 통영 출신인들이 고향에 와서 추억으로 먹는

빵에 불과했다.

어느 봄날 오후에 오미사 꿀빵을 소개하기 위해서 필자는 주인아주머니와 많은 이야기를 나누었다. 아마도 아주머니께서는 인터넷이 무엇인지도 잘 몰랐을 것이다. 이전 시대를 살아온 연세 드신 분들, 특히 여성분들의 삶은 책 몇 권으로 모자랄 정도다. 들어줄 사람도 표현할 데도 없이 묵묵히 살아온 삶의 이야기들이 가득하다. 주인아주머니는 빵 장사를 하게 된 동기를 포함해서 그동안 살아온 이야기를 이어 갔다. 한쪽 모퉁이에서 듣고 계셨는지는 모르겠지만 주인아저씨께서는 묵묵히 반죽을 만들고 계셨고 옛 추억에 젖은 아주머니께서는 사이다 한 병까지 서비스로 내놓으시며 끝없이 이야기했다. 꿀빵은 주인아저씨가 만들었는데 추억은 아주머니가 더 많이 간직하고 있었다.

약 50여 년 전에 두 분께서는 오미사라는 간판을 달고 양장 수선집을 하는 지인의 가게 구석 태기에 테이블 하나만 놓고 빵을 팔았다. 도넛 같은 팥빵에 꿀(?)을 바른 둥근 빵이었는데 사람들은 그것을 꿀빵이라 불렀다. 마땅한 간식거리가 없던 시절에 학생들뿐만 아니라 바닷가에서 일하는 인부들의 중찬(샛참을 중찬이라 했다.) 용으로도 많이 사 갔다. 바다 일은 아침 일찍부터 시작하기 때문에 점심까지 시간이 너무 길고 지루하다. 더구나 바다 위 뗏목에서 일을 할 때는 더더욱 그랬다. 그래서 어장 주인은 중찬으로 국수와 고구마 등을 준비했다. 가끔씩 장날에 시내 갈 일이 있으면 꿀빵을 준비하게 했는데, 중찬으로 인기가 최고였다.

세월이 흘러서 오미사 양장점 주인은 수선 일을 그만두게 되었고 가게 구석에 테이블 하나 놓고 빵을 팔던 지금의 오미사 주인이 가게를 인수하게 되었다. 간판도 오미사가 아닌 빵집 이름으로 번듯하게 바꾸어 달고 싶었는데 뜻대로 되지 않았다. 당시 단골이었던 여고생들의 성화 때문이었다고 한다. 오미사는 방과 후 여고생들이 단골로 들리는 아지트였는데, 다들 "오미사" 하면 모든 게 통하였기 때문에 이름 변경을 강력하게 반대했다고 한다. 할 수 없이 주인은 빵집 이름으로서는 좀 어울릴 것 같지 않은 '오미사'라는 간판으로 정식 장사를 시작했다. 오미사라는 독특한 빵집 이름과 함께 필자가 스토리를 소개한 오미사 꿀빵은 인터넷을 타고 전국으로 알려지게 되었다.

　오미사 꿀빵은 초기에는 학생들의 간식거리와 어민들의 요깃거리로 시작했지만, 지금은 어릴 적 통영에서 살았던 사람들의 추억거리와 여행객들의 간식거리가 되었다. 그렇게 꾸준한 인기를 얻었다. 더 세월이 흘러서 오미사 꿀빵 본점과 새로 오픈한 도남점을 자식들이 이어받아서 운영하게 되었고, 간식거리인 빵의 특성상 큰 수입을 올릴 수 있는 사업이 아니기 때문에 한때는 통영 꿀빵도 이제 그 운명이 다하는가 싶기도 했다.

　오랜 역사를 가진 오미사와 통영제과점, 그리고 혜성같

이 등장한 "꿀단지"만 있을 때를 차라리 그리워하는 사람들이 생겨나기 시작했다. 관광객들이 많이 찾는 중앙시장 앞 해안 도로변에 꿀빵집이 하나둘 생기기 시작하더니 급속도로 번졌다. 충무김밥 간판으로 즐비한 강구안 문화마당에도 이제는 꿀빵집이 더 많아졌다. 얼핏 보면 통영을 대변하는 음식이 꿀빵이라 착각을 할 정도다. 경쟁이 심하다 보니 간판은 더 커지고 종류도 모양도 다양하게 만들어지고 있다. 그렇지만 오미사 꿀빵은 오랫동안 역사를 이어 오면서도 한결같은 맛을 유지하고 있다. 통영 사람들에게는 옛 추억도 함께 맛볼 수 있어서 항상 고맙게만 느껴지는 가게다.

시락국 한 그릇

통영에는 크게 중앙시장과 서호 시장, 두 개의 시장이 있다. 중앙시장은 섬 지역에서 배를 타고 생선을 팔러 오기 때문에 낮에 장이 서며 규모가 가장 크다. 반면에 서호 시장은 가까운 미륵도 일원에서 어부들이 밤사이에 잡은 고기들을 파는 새벽시장이다. 서호 시장에는 시장 상인들과 어민들이 이른 아침에 간단히 먹을 수 있는 음식들이 발달했다. 죽 종류, 밀장국(팥 칼국수), 시락국, 졸복국, 우짜, 꿀빵 등이다. 그중에서도 인기가 있는 시락국(시래깃국의 사투리)은 시장 상인들이 장어를 손질하고 버리는 대가리와 뼈를 얻어다가 시래기와 함께 가마솥에 끓인 음식이다. 아마도 장어의 맛은 장어요리 전문 식당에서 맛볼 수 있을지는 몰라도 장어의 진국(영양분)은 시락국집 가마솥에 있는 것이 아닐까?

통영에서는 시락국을 그냥 정식이라 부르기도 한다. 그중에서도 약 50년의 역사를 지닌 원조 시락국집이 유독 인기가 있는 이유는, 통영 사람들이 가정집에서 먹는 다양한 통영의 계절 반찬들이 제공되기 때문이다. 통영에서 유명한 각종 젓갈(갈치젓, 멸치젓, 대구 알 젓, 물메기 아가미 젓 등)과 해풍을 맞고 노지에서 자란 시금치와 마늘, 바다 해초인 모자반, 돌미역 등 통영의 각종 밑반찬을 맛볼 수 있다. 통영의 밭은 수분이 적고 해풍이 불어서 고구마, 시금치, 마늘, 무, 배추가 맛이 좋은데 특히 아삭거리는 무 맛은 일품이다.

제대로 된 통영의 무김치 맛은 충무 밥집과 시락국집에서 맛볼 수 있다. 이렇게 시장 구석 태기에서 어민들과 시장 상인들에게만 알려져 있던 지역 음식이 유명세를 치르기 시작한 것은 필자가 쓴 칼럼이 ≪한산신문≫에 처음 소개된 것이 계기가 되었을까? 초기에는 식당 벽에 걸린 유일한 액자가 필자의 칼럼이 실린 신문기사였는데 지금은 각종 언론에서 소개한 정보들로 가득하다.

필자가 시락국집을 유독 잘 알게 된 이유는 벽을 하나 사이에 둔 앞 칸(현 통영 전복)에서 수년간 자취를 하면서 살았기 때문이다. 필자가 살던 미륵도에서 초등학교는 편도 1시간 이내에 걸어서 다닐 수 있었지만 중학교는 배를 타고도 2시간 정도 걸어서 다녀야 했다. 그래서 여유가 있는 집에서는 초등학교 6학년 때 시내로 전학을 시켰다. 시내에 있는 중학교를 다니기 위해서이다. 그 당시 지금의 시락국집이 있는 상가 건물은 바다를 매립 후 건물을 지어 한 칸씩(3, 4평) 분양했는데 부모님이 그중에 한 칸을 50만 원에 분양받았다. 그 집에서 혼자 자취를 하면서 직접 밥을 해 먹었지만 가끔씩은 시락국집에서 사 먹기도 했다.

음식 맛의 절반은 스토리이다. 시락국은 별다른 특색이 없는 흔한 시장의 정식 식당 중 하나였지만 필자가 스토리 포인트로 소개한 것은 시장에서 버려지는 음식 재료(장어 대가리)와 세상에 하나밖에 없는 냉장고였다. 당시 통영에는 장어통발 어업이 활발하여 시장에는 붕장어가 넘쳐 났다. 처음에 시장 상인들은 장어의 살코기에서 분리해 낸 뼈와 대가리를 버렸으나 당시 시락국 주인이 이것을 공짜로 얻어다가 시래깃국에 함께 넣고 끓여서 팔았다.

처음에 시락국집에는 국밥과 따로국밥 두 개의 메뉴가 있었다. 밥만 따로 나오는 따로국밥도 밥을 섞으면 결국 같은 음식이 되어 버리지만 500원을 더 받았다. 설거지 값이 포함된 것일까? 그래도 사람들은 따로국밥을 더 선호했다. 뭔가 대접받는다는 느낌이 나기도 하고 맛도 더 있을 것 같은 착각이 들기도 했다. 그러나 손님들에게 헷갈리게 하기도 하고 똑같은 음식에 웃돈을 더 내는 것 같아 보이는 이 메뉴는 결국 통합되었다. 그냥 '시락국' 단일 메뉴로 팔게 된 것이다.

내부 인테리어 중에 테이블 위에 길게 놓인 음식을 담아 놓은 스테인리스 용기는 좀 특이하다. 용기 안으로 냉장고와 같은 냉기가 흐르는데, 주인은 이 냉장고를 만들기 위해서 많이 고생했다고 한다. 자유 배식의 특성상 음식 통의 뚜껑을 열어 놓아야 하는데 어떻게 하면 손님들에게 싱싱

한 음식을 제공할 수 있을지 고민한 끝에 이 특수한 냉장고를 개발하게 되었다고 한다. 처음에는 설계도를 만들어서 냉동기 전문 회사에 갔더니 모두 거절했다. 그러나 주인이 몇 개월간 끈질기게 요청하여 설계도대로 주문을 받아 주었다고 했다. 사진에서 보듯이 음식이 담겨 있는 'ㄱ' 자로 된 부분 전체가 냉기가 흐르는 냉장고다.

맛있는 음식이 넘쳐나는 세상. 무엇 때문에 이 허름한 시골의 시장 식당을 멀리 서울에서, 해외 언론에서 찾아오는 것일까? 가마솥 안의 진한 장어 맛과 함께 가미된 흉내 낼 수 없는 진한 스토리 때문이 아닐까?

미더덕과 오만둥이, 이것만은 알고 먹자

미더덕과 오만둥이를 먹는 나라는 세상에서 딱 세 나라라고 한다. 한국, 일본, 미국인데 일본과 미국에서도 현지 한국인들만 먹는다고 하니 유일무이한 한국 음식임에는 틀림이 없다. 미더덕은 주로 해물탕과 해물찜 요리에 많이 사용된다. 그런데 필자가 외지 식당들에서 미더덕이 들어간 많은 요리를 먹어 봤지만 통영에서처럼 제대로 요리하는 곳은 보지 못했다. 아마 요리해 먹는 방법을 잘 모르기 때문일 것이다. 요리할 때 대부분 껍질을 벗기지 않고 매운탕 등 국물요리에 통째로 넣어서 먹는 것을 볼 수 있는데, 참으로 안타까운 일이다. 이것들은 몸속에 많은 양의 바닷물을 저장하고 있다. 또한 내장 속에는 펄, 배설물, 각종 이물질이 들어 있기 때문에 반드시 배를 갈라서 제거하고 요리를 해야 한다. 통째로 요리를 하면 펄과 배설물을 같이 먹게 되는 셈이다. 이제껏 잘못 드셨다고? 최소한 통영에서 드신다면 그런 일은 없을 것이다.

미더덕은 속껍질이 매우 얇기 때문에 일반 요리용 칼로는 껍질을 벗기기가 쉽지 않다. 양식 미더덕은 껍질을 벗길 때 전용 기계를 사용하기도 하지만 자연산 미더덕은 외부 껍질이 단단하여 연필깎이용 칼을 사용하여 벗긴다. 아마도 연필깎이용 칼을 만드는 회사는 아직도 학생들이 사서 팔리는 줄로 착각하고 있는지도 모른다. 통영 시장 상인들은 연필깎이용 칼 한두 개 정도는 허리에 차고 다닐 정도이다. 그래서 통영 시내에서는 강도가 없다는 우스갯소리도 있다. 껍질을 벗겨서 손질을 잘한 미더덕은 찜이나 국물 요리보다는 초무침으로 해 먹을 때가 더 맛있다. 멍게보다도 향이 뛰어나고 식감도 웬만한 생선회보다 더 좋다. 특히 자연산 미더덕은 향이 좋고 달콤한 식감이 느껴진다.

　미더덕의 사촌뻘 되는 오만둥이는 국물 맛을 내는 데 최고이며 무채를 넣고 초무침을 하면 씹는 맛이 일품이다. 물론 오만둥이도 손질을 잘해야 한다. 미더덕과 달리 껍질째로 먹기 때문에 껍질은 벗기지 않고 외부에 붙은 이물질들만 제거한다. 내부는 잘라서 이물질을 제거해야 한다. 오만둥이 초고추장 무침 요리는 오독오독 씹히는 맛이 좋아서 초무침으로도 많이 해 먹는다.

신비의 맛을 지닌 군소

외지에서 온 여행객 두 분이 다찌집에서 아주 희한하게 생긴 안주에 눈이 꽂혀 있었다. 손님은 이상하게 생긴 안주를 보고 물었다.

"아주머니, 이게 뭡니까?"

"귀한 거라예. 한번 드시 보이소."

손님이 한 점을 집어서 먹어 보고는 고개를 갸우뚱거렸다.

"청각 맛 같기도 하고…, 스펀지를 씹는 것 같기도 하고…, 커다란 민달팽이처럼 생겼는데, 씁쌀한 맛에 묘한 향이 느껴지는 것 같기도 하고…."

술잔을 따를 때마다 손님의 젓가락은 그 음식으로만 갔다.

"술안주로는 멸치나 전복보다 한 수 위 같아 보이기도 하고…."

술을 마시면서도 화제는 그 이상하게 생긴 그 안주뿐이었다. 그러더니 손님 한 분이 주인을 불렀다.

"사장님, 이거 조금만 더 주시면 안 될까요?"

"죄송합니다. 오늘 들어온 게 이거밖에 없습니다."

주인은 거짓말을 하고 있었다. 왜냐고? 단골손님들에게 주기 위해서다.

정식 이름은 '군소'이며 통영 어촌 사람들은 '가시나'라고 부른다. 맨손으로 잡으면 손이 온통 초록색 물감을 쏟아 부은 것처럼 되어 버린다. 군소 맛깨나 아는 사람들은 봄이 오면 군소 좀 구해 달라고 난리다. 향이 입안에 오래 남아 있고 숙취에 탁월하다. 안 먹어 본 사람들은 많아도, 먹어 보고 싫다는 사람이 없을 정도다. 깨끗한 바다에서만 서식한다. 옛날에는 물발이(큰 수경)로 잡았는데 지금은 계통발에 많이 잡힌다. 문어가 군소알을 좋아하여 군소가 통발 안에다 알을 낳으면 문어가 가득 잡힌다.

수분이 많기 때문에 끓일 때는 물을 따로 넣지 않는 것이 특징이다. 다 끓고 나면 살점이 단단해지고 크기는 절반 이하로 줄어든다. 비싸고 귀한 살점은 다 그렇듯이 군소도 복어회처럼 얇게 썬다. 일부 지역에서는 군소를 결혼 예단으로 보내기도 하고 제사상에 올릴 정도로 귀한 음식 대접을 받는다고 한다. 운이 좋으면 통영의 횟집이나 다찌집에서 맛볼 수 있다.

볼락 요리

　만약 서울 한복판에서 지나가는 사람들을 붙들고 "가장 맛이 있는 생선이 무엇인가?" 하고 물어본다면 어떤 대답들이 나올까? 아마도 참돔이나 다금바리 정도로 대답할 것 같다. 그러면 우리나라 활어의 절반 이상을 잡고 유통하는 통영에서 지나가는 사람들에게 물어본다면 뭐라고 대답할까? 아마도 "볼락"이라는 답이 제일 많이 나올 것이다. 그러면 다시, 서울 사람들에게 볼락을 아느냐고 물어본다면 또 뭐라고 할까? 아마도 열 명 중 아홉은 모른다고 말할 것이다.

볼락은 청정 해역인 남해안에서 주로 서식하는데 대부분 현지에서 소비되고 서울 등지에서 맛보기는 어렵다. 회나 매운탕으로도 즐겨 먹지만 살이 깊어 소금구이가 제격이다. 필자가 홈페이지에서 여러 번 칼럼으로 소개해서인지는 몰라도 이제는 외지인들도 많이 찾아서 볼락 전문 식당들도 생겼다. 이전에는 볼락만 전문으로 하는 식당은 없었다.

볼락을 구울 때는 굵은소금을 뿌리면 속살이 툭툭 터지는데 조선간장에 찍어 먹다 보면 나도 모르게 소주잔을 찾게 된다. 물론 회로 먹어도 맛이 있고, 탕을 해 먹어도 맛이 있고, 또 젓갈을 담가 먹어도 맛이 있다.

필자의 아버지는 볼락을 유독 좋아하시는데, 잿불에 구워서 뼈가 바삭바삭해진 볼락을 통째로 입에 넣으시면 최종 입 밖으로 나오는 것은 눈깔뿐이다. 버릴 것이 없기 때문이다. 필자가 살점을 떼먹고 지느러미와 뼈를 남기면 그것은 다시 아버지의 입으로 들어가 버린다. 바싹 구운 머리 부분을 먹으면 왜 '어두육미'라는 말이 나왔는지 알게 될 것이다.

또한 볼락 매운탕은 기름기가 없어서 시원하고 담백한 맛이 일품이다. 바닥이 넓은 냄비에다 볼락이 완전히 잠기지 않을 만큼 물을 붓고 얼큰하게 끓인다. 물론 볼락 매운탕에도 방앗잎을 넣는 것은 잊지 말아야 한다. 방앗잎은 비린내를 없애 주며 독특한 향은 입맛을 돋운다. 해안가 근처 볼락 전문 식당 등에서 맛볼 수가 있다. 어린 볼락은 무를 숭숭 썰어 넣고 젓갈과 김치로 담그는데, 삭이는 다른 젓갈과는 달리 맛이 고소하고 감치는 맛이 특징이다. 볼락김치는 특히 별미다. 빨갛게 익은 무와 볼락 살점들을 먹다 보면 무김치에 있는 볼락을 먹는 것인지 볼락젓에 있는 김치를 먹는 것인지 구분이 가지 않는다. 서호 시장의 반찬가게에 가면 제일 앞줄에 놓여 있다.

추도와 물메기

　겨울철 강원도에 명태 덕장이 있다면 통영에는 빨랫줄에 널린 물메기(일명 바다 메기)가 있다. 겨울철 통영 최고의 먹거리는 뭐니 뭐니 해도 물메기이다. 현지에서는 메기 또는 그냥 미기라 부른다.
　멀리 추운 동중국해에서 서식하는 것으로 알려진 회귀성 고기인 물메기는 산란을 위하여 따뜻한 남쪽 바다인 통영 추도 근해로 찾아온다. 매화꽃이 필 즈음이면 어린 물메기들은 먼바다로 나가서 살을 찌우고 겨울이 되면 또다시 고향을 찾아온다. 초겨울 소설(小雪)부터 산란기인 대설(大

雪) 때까지 약 석 달 정도에만 메기가 잡히는데 물메기의 본 고장인 추도 어민들은 겨울 한철 메기를 잡아서 1년을 먹고 산다고 해도 과언이 아니다.

　물메기는 아주 적은 양의 일부가 동해안이나 서남해안에서 잡히기도 한다. 그 특유한 생김새 때문인지 지역마다 부르는 이름도 다양하다. 바다 메기, 물메기, 미거지, 곰치, 잠뱅이 등등…. 지역에 따라서 메기의 생김새가 약간씩 다른 것을 보면 자기의 태어난 곳을 정확하게 찾아서 유전자가 섞이지 않기 때문일지도 모른다. 통영에서도 욕지 등 여러 지역에서 물메기가 잡히지만 추도 메기를 최고로 쳐 주며 맛도 좋고 값도 가장 비싸게 팔린다.

　통영 섬 지도를 펼쳐 놓고 살펴보면 섬들이 정신없이 흩어져 있는 것 같아 보여도 미륵도 일원, 한산도 일원, 욕지도 일원, 사량도 일원 등으로 네 개의 군도 형태를 이루고 있다. 이 네 개의 군도 한가운데 외로이 떠 있는 섬이 하나 있다. 바로 추도이다. 행정상으로는 미륵도인 산양읍에 속하지만 이 네 개의 군도 한가운데 위치한다. 이 이로운 섬을 그래서 추도라 불렀을까?

외톨이 섬 추도는 병풍처럼 둘러싸인 많은 섬이 바람과 큰 파도를 막아 주어 바다가 잔잔하다. 가까이로는 사방이 탁 트여서 물 흐름이 좋을 뿐만 아니라 바닷속이 거대한 개펄로 된 고원지대 형태를 이루고 있다. 즉, 물고기한테는 최고의 서식 장소인 동시에 산란 장소인 셈이다. 그래서 유독 이곳 바다에서 그 신비의 물메기가 많이 잡히는지 모른다. 추도에 사는 어민들은 이런 것들이 이 섬을 떠나지 못하는 이유라고 한다.

식당에서는 생메기탕만 팔지만 건어물 가게에서 파는 마른 메기도 사서 집에서 해 먹어도 된다. 마른 메기는 비리지 않고 얼큰하면서도 깔끔한 맛이 난다. 가정에서는 바다 메기를 다양한 요리로 해 먹는다. 별식으로 메기회나 메기포로도 먹고 반건조 메기탕, 메기찜이 일반적이다. 반건조 메기찜은 제사상에 올리기도 한다. 일반 생선찜 요리와 다른 점은 고명으로 얹는 소량의 양념 외에 고기만 넣고 찐다는 점이다. 따로 간을 하지 않아도 된다.

메기탕은 고추장이나 고춧가루를 넣지 않고 콩나물과 무만 넣고 끓여도 시원한 맛이 난다. 생메기탕 한 그릇이면 "속이 확 풀린다"라는 말을 실감할 수 있을 것이다.

도다리 예찬

 우리나라에서 팔리는 생선 중에 가장 비싼 생선은 무엇일까? 일반적으로 다금바리가 비싸다고 알려져 있지만 그것은 맛보다도 마케팅의 영향이 더 크다고 볼 수 있다. 다금바리는 아열대 해역에 서식하는데 제주도 남쪽 바다에서도 일부 잡힌다. 제주도에서 잡은 생선을 신선도를 유지한 채 육지까지 운반하는 비용 등에 고급 횟감의 이미지를 더해서 비싸게 파는 것이다.
 필자가 이전의 한 칼럼에서 같은 크기의 생선 중에 가장 비싼 생선은 아까모스라 했다. 붉은 돔 종류인 아까모스

는 회로는 맛이 덜하고 찜 등 요리를 해 먹어야 진미를 느낄 수 있다. 그렇다면 회로 먹는 생선 중 가장 비싼 생선은 무엇일까? 저인망 배를 타던 필자의 한 친구가 이런 말을 한 것이 기억난다. "다금바리와 옴 도다리 중에 하나만 선택하라면 다금바리는 탁 던지 삔다." 같은 크기의 생선으로 비교할 때 도다리가 훨씬 비싸고 더 맛있다는 이야기다.

시중에서 파는 일명 참도다리는 실은 진짜 도다리가 아니다. 정식 학명은 "문치가자미"이고 가자밋과에 속한다. 방언으로 도다리 또는 참도다리라 부르다가 그냥 도다리가 되어 버렸다. 도다리쑥국이나 세꼬시 등으로 즐겨 먹는 대부분이 우리가 알고 있는 참도다리는 실은 가자미(문치가자미)다. 많이 잡히고 도다리 중에 가장 저렴하다. 그렇다면 어떤 게 진짜 도다리이고 우리나라 연안에서 잡히는 도다리에는 어떤 종류가 있을까?

행정상의 정식 명칭이 따로 있는지 모르겠지만, 어촌에서 부르는 도다리 종류에는 점 도다리, 재도다리, 미끼도다리, 담배도다리, 옴도다리 등이 있다. 점도다리는 등에 점박이 무늬가 있는데 맛이 좋아서 참도다리보다 두 배 이상 비싸게 팔린다. 미끼도다리는 지느러미가 굵은 것이 특징이며 등에 무늬가 없이 미끈하여 미끼도다리라 부른다. 몸이 서대(가자미 종류)처럼 길어서 통영 사람들은 우스갯소리로 매착도 없이 길기만 하다며 웃기도 한다. 담배도다리가 오리지널 도다리이다. 생김새는 둥글고 살이 도톰하며 크기는 손바닥만 하게 작은 것이 특징이다. 앞뒤가 매끄럽고 등에 표범 무늬 같은 것이 있다. 그렇지만 담배도다리는 회로는 맛이 덜하고 찌개나 매운탕으로 해 먹어야 진미를 맛볼 수 있다. 도다리 중에 제일 맛이 있고 비싼 도다리는 옴도다리이다. 일명 이시가리(일본 말로 이시가레이)라 부르는 도다리 종류이며 수심이 깊고 진흙과 모래가 뒤섞인 곳에 서식한다.

언젠가 통영의 위판장에서 특별한 풍경을 본 적이 있다. 활어 경매가 새벽 4시에 시작을 하는데, 새벽에 잡아 오는 활어들도 있지만 대부분이 초저녁부터 대기를 한다. 활어를 보관하는 뚜껑이 없는 물통(?)들이 길게 줄지어 있는데 유일하게 통 위에 그물을 싸서 보관하는 생선이 있었다. 바로 옴도다리다. 비싼 생선이기 때문에 못 훔쳐 가게 하려고 그물로 꽁꽁 감아서 보관한 것이다. 옴도다리(일명 이시가리)는 등 전체에 마치 옴처럼 오돌오돌 한 돌기가 나 있다고 하여 옴도다리라고 부른다. 뼈가 연하여 세꼬시로 즐겨 먹으며 쑥국이나 미역국에 넣어서 끓여도 맛이 있다. 최고급 생선 중에 요리를 주로 해 먹는 아까모스와 삼뱅이는 잡은 후에 냉동해 유통하기도 하지만 회로 먹는 옴도다리는 반드시 살려서 유통한다. 우리나라에서 제일 비싼 생선이기 때문이다.

점도다리회

옴도다리

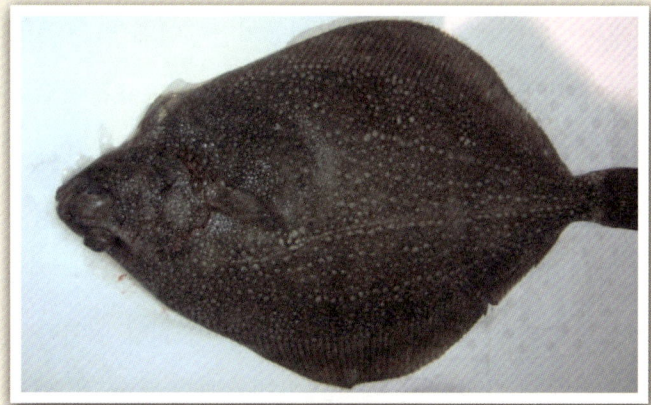

멍게의 비밀

통영 사람들은 성격이 급해서 까다로운 발음을 제대로 하지 못하는가 보다. 우렁쉥이를 그냥 "우렁시"라 부른다. 원래는 "우렁쉥이"가 표준말이었지만 "멍게"라는 방언을 쓰다가 방언이 더 널리 쓰이게 되면서 둘 다 표준어로 사용하기로 했다고 한다. 그러나 통영 사람들에게는 우렁시라는 이름이 더 친근하게 들린다.

멍게와 나는 각자의 비밀을 하나씩 알고 있다. 가끔씩 나는 주변 지인들에게 나의 잠수 실력이 워낙 뛰어나 물속에서 멍게를 따서 바로 까먹고 올라온다고 뻥을 쳐 왔다. 그

러나 그것은 새빨간 거짓말(?)이라는 것을 멍게는 잘 알고 있다. 그렇지만 나는 멍게가 지닌 출생의 비밀을 알고 있다. 어느 날 해삼 한 마리가 산책하러 나갔다가 조개를 만나서 바람이 났고 그 사이에서 태어난 것이 멍게란 사실을 나만 알고 있다(믿거나 말거나지만).

또한 멍게는 바람기가 많다는 사실도 알고 있다. 한곳에서만 머물기 싫어하고 다른 곳에 있는 멍게를 만나면 더 활기차고 건강해진다. 그런 이유로 멍게 양식을 하는 사람들은 멍게를 양식 줄 채로 끌고 이 바다 저 바다를 이동하면

서 키운다. 통영운하를 바라보고 있자면 멍게를 긴 줄 채로 끌고 다니는 배들을 자주 볼 수 있다. 확실한 이유에 대해서 공식적으로 알려진 것은 없지만 멍게는 한 장소에 오래 있으면 병이 생기기도 하고 잘 자라지 않아 1년에 한두 번씩 장소를 옮겨가면서 키우는 게 좋다고 한다. 전문가들은 해수 온도 변화가 그 이유라지만 필자가 생각하기에는 한곳에서 오래 지내지 못하는 타고난 바람기 때문이 아닌가 생각한다. 모든 종이 그러하듯, 피가 섞이면 더 우월한 유전자가 만들어진다. 그래서 사람도 근친상간을 피하고자 하는 것이다. 멍게는 좋은 유전자를 얻고자 하는 욕망은 다른 동식물보다 더 유별나 보인다.

　이렇게 이동하면서 키웠기 때문인지는 몰라도 통영 멍게는 맛이 좋기로 유명하다. 통영에서 멍게를 먹고 처가에 가서 물을 마시면 물맛도 달다는 우스갯소리도 있다. 통영 멍게가 유독 향이 많아서 입안에 든 향이 오래 가고 맛이 있다는 방증이기도 하다. 이렇게 서로 먼 곳의 유전자를 결합해서 더 건강한 멍게를 생산하는 통영 사람들의 노력이 있어서 그렇지 않을까? 통영 여행 시에 기회가 되신다면 향이 가득한 통영의 멍게 맛을 보시기 바란다. 그렇다고 잠수해서 물속에서 까먹고 올라오는 무리한 시도는 하지 않으리라 믿는다. 산란기인 겨울에 먹는 것보다 여름에 더 맛이 있다. 멍게는 일반적으로 회로 많이 먹지만 요리로서 '멍게비빔밥, 멍게젓, 멍게전'도 인기가 있다.

특별 부록

환상적인 통영의 음식 궁합들

사람에게 궁합이 있듯이 음식도 서로 궁합이 잘 맞는 재료들이 있다. 일반적으로 농산물들은 요리 방법이 많이 알려졌지만 해초류 요리 방법은 많이 알려지지 않은 것 같다. 해초류가 많이 생산되는 통영에서는 요리책에서도 찾기가 힘든 오랜 경험에 의해서 만들어진 음식 궁합들이 생활 깊숙이 배어 있다. 음식 맛을 배로 하는 통영 사람들만의 음식 노하우를 하나씩 예로 들면서 알아보기로 하자.

갈치와 호박

사람들은 갈치를 주로 구이나 조림으로만 해 먹는다. 통영 사람들은 갈치를 보통 굽기보다는 국을 끓여 먹는다. 갈치국이라면 약간 생소하게 들릴지도 모르겠다. 음식의 양을 늘리는 동시에 갈치의 맛을 더 돋보이게 하는 것이 바로 호박이다. 호박을 넣고 끓이면 그 달짝지근한 맛과 갈치 맛이 어우러져 비리지 않고 담백한 맛이 난다. 호박에 갈치 맛이 배어 갈치가 두 배로 많아진 느낌이 들 정도이다. 별다른 요리 기술이 필요한 것이 아니어서 집에서도 쉽게 해 먹을 수 있다. 손질한 갈치를 넣은 냄비에 물을 넉넉하게 부은 후에 애호박을 굵게 썰어 넣고 끓이면 된다. 통영의 식당에서 갈치국을 팔기도 하는데 외지 사람들에게 익숙하도록 '갈치탕'이라 부르는 식당도 있고 여전히 갈치국이라 부르는 식당도 있다.

도다리와 쑥

우리나라에서 봄이 먼저 찾아오는 곳 중에 하나가 통영이다. 일찍 찾아오는 봄과 함께 통영인의 마음을 설레게 하는 음식이 있는데 이것이 바로 도다리 쑥국이다. 외지 사람들은 단순히 많은 계절 음식 중 하나라고 생각할지 모르겠지만 통영 사람들에게는 봄과 함께 1년을 기다려 온 음식이다. 통영에서는 미역국에도 싱싱한 도다리를 넣어서 끓이는데, 이른 봄, 2월부터 4월까지 쑥이 나올 때는 미역 대신 쑥을 넣는다. 특히 봄에 가장 맛이 있는 생선이 도다리인데 봄 도다리와 쑥으로 국을 끓여 먹으면 그 궁합이 환상적이다. 마치 뚝배기에 봄을 담아 먹는 느낌이다.

청각과 홍합

굴은 겨울에 먹고 홍합은 여름에 먹지만 홍합은 굴과 비슷한 환경에서 자라며 서로 사촌뻘이다. 그렇지만 홍합은 그 자체로는 굴보다 맛이 덜하다. 그저 식당에서 파는 시원한 국물 맛으로 즐길 정도이다. 그러나 홍합이 다른 음식과 어우러졌을 때는 기막힌 맛을 만들어 낸다. 필자가 통영 음식이 남도나 서울 음식보다 한 수 위라고 입에 침이 마르게 자랑하는 이유 중 하나가 이 홍합과 어우러진 요리들 때문이라 해도 과언이 아니다. 홍합은 각종 파전, 국, 무침 등에 감초처럼 들어가는데, 청각 요리에 들어가면 그 맛은 한층 더 깊어진다. 요리 방법은 먼저 홍합을 잘게 다져서 끓인 후 미리 데쳐 놓은 청각을 넣고 마늘, 간장, 참기름, 깨소금을 넣고, 살짝 한 번 끓여 주면 홍합 맛이 배어 더욱 맛이 깊어진다. 청각 홍합 무침은 통영 비빔밥 재료로 사용되기도 한다. 청각은 여름에는 냉국으로 해 먹어도 별미이다.

멸치와 무청

일반적으로 멸치는 볶아먹거나 다시 국물을 내는 음식으로 알고 있다. 그러나 그것은 가장 수준이 낮은 요리법에 불과하다. 시중에서는 대멸보다는 작은 크기의 볶음용이 더 비싸게 팔린다. 멸치의 본고장인 통영에서는 작은 멸치를 잘 먹지 않고 큰 멸치를 선호한다. 큰 멸치는 요리법도 다양하다. 싱싱한 생멸치는 젓을 담그거나, 멸치회, 또는 멸치조림으로 해 먹고 마른 멸치는 무청과 함께 조림으로 해 먹는다. 무청은 줄기의 껍질을 벗겨서 데친 후에 생된장과 들깻가루를 넣고 멸치와 함께 조린다. 물론 고추장은 넣지 않는다. 오랜 시간 동안 조리면 멸치와 무청의 맛이 어우러져서 깊은 맛이 난다. 특히 무청 속에 있는 멸치의 살점을 먹어 보면 구수하고 졸깃한 식감이 일품이다.

우무와 콩국

통영 여름철 별미 중에 빼놓을 수 없는 것이 우무이다. 현지 말로 "우무"라고 불리는 우뭇가사리 묵 요리는 일종의 건강 주스 같은 것으로 여름철 더위를 식혀 주며 부족한 에너지를 보충하는 데 최고이다. 통영 어민들은 여름철에 시장에 왔다가 얼음이 둥둥 떠 있는 우무를 한 사발 사 먹는 것을 즐긴다. 우무는 저칼로리 음식이며 단백질 함량이 높고 고소한 맛이 나는 콩국과 궁합이 잘 맞는다. 우뭇가사리는 여름에 먹기 때문에 여름에만 채취하는 것으로 알고 있는데 사실은 그렇지가 않다. 여름에도 많이 채취를 하지만 이른 봄에 채취한 우뭇가사리를 여름에 먹어야 더 맛이 있다. 우뭇가사리를 햇볕에 잘 말린 후 오랫동안 가마솥에 달여서 식히면 청포묵처럼 투명하게 어린다. 이것을 채로 썰어서 콩국에 넣은 후 얼음을 띄워서 마시는 것이 우무이다. 묵을 채로 만들 때는 채칼을 사용하는 것이 아니라 채 틀에다 담아서 손으로 눌러 주기만 하면 된다. 일정한 압력으로 똑같이 누르지 않으면 모양이 비뚤어지며 면의 굵기가 고르지 않으면 입에 들어가서 씹히는 맛도 다르다. 그리고 별도로 콩국을 준비해야 한다. 콩은 오랫동안 불린 후에 살짝 삶아 곱게 간다. 콩국에 얼음과 채로 만든 우무를 넣고 소금으로 간을 한다. 이는 서호 시장 등에서 할머니들이 노상에서 판매하고 있다.

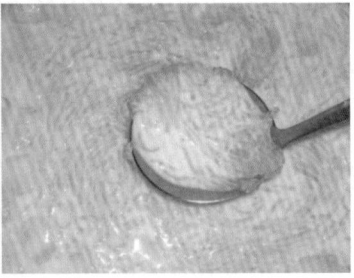

매운탕과 방앗잎

통영 또는 남해안의 일부 지역에서는 집 뜰과 담장 밑에 방아나무가 심겨 있다. 필요에 따라 바로 따서 요리에 넣어야 하므로 집 가까이에 심어 놓는다. 그 정도로 방아에 대한 사랑이 대단하다. 비린내를 없애 주기도 하니 매운탕에는 방아가 반드시 들어간다. 요즘에는 매운탕뿐만 아니라 해물전, 부추전 등 각종 전에도 넣어서 먹는다. 독특한 향과 씹히는 맛이 좋아 입맛을 돋우는 식재료이다. 방아는 깻잎과 허브의 중간 정도로 독특한 향을 지니고 있다. 요즘에는 외지 사람들에게도 많이 알려져 찾는 사람들이 많다. 그래서 대부분의 식당에서 방앗잎을 갈아서 후추처럼 뿌려 먹는다.

빼떼기와 돈부

빼떼기죽은 한때 미륵도나 통영의 섬 지방 사람들의 겨울철 주식이었다. 쌀이 귀했던 통영에는 겨울철에 주로 고구마를 먹었는데 장기간 보관이 어렵기 때문에 겨울부터 보리 수확기 전까지는 고구마를 채로 만들어 말려서 죽으로 쑤어 먹었다. 우리는 이 음식을 빼떼기죽이라 부른다. 그 죽에 반드시 들어가는 것이 돈부이다. 큰 돈부는 팥보다 식감이 좋고 통영 특유의 달콤한 고구마에 구수한 맛을 더해 준다. 최근 들어서 빼떼기죽의 맛과 영양이 언론에 알려지기 시작하면서 찾는 사람이 많아져서 빼떼기죽을 전문으로 하는 식당도 많이 생겼다.

 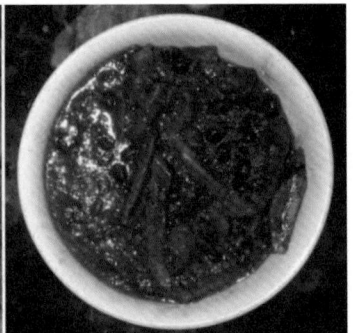

몰과 무

모자반 또는 몰이라고 부르는 이 해초류를 요리할 줄 아는 사람은 많지가 않았다. 새로운 웰빙 식품으로 찾는 사람들이 많아지면서 최근 들어서 대도시의 대형 할인점의 수산물 코너에서도 몰을 판매하는 것을 볼 수 있다. 몰은 파래처럼 무쳐 먹는데 거기에는 반드시 무가 들어가야 한다. 남해안의 바닷가에는 몰이 무척 많지만 아무 몰이나 먹는 것이 아니다. 먹는 몰 중에서 참몰이 제일 맛이 있다. 요리하는 방법은 이렇다. 우선 몰을 데친 후에 무를 채로 썰어서 무친다. 몰 무침은 냉장고에 오래 보관하면 물러지기 때문에 바로 먹어야 제맛을 느낄 수 있다.

톳과 두부

통영에서는 톳무침을 톳나물이라고 부르기도 하고 톳을 그냥 톳나물이라고 부르기도 한다. 톳은 음력 설 전후부터 봄까지 바닷물이 많이 빠질 때 채취한다. 갯바위에 붙어서 사는 해산물 중에 파래, 김, 굴, 홍합은 물이 얕은 바위에 붙어서 산다. 그러나 조금 더 깊이 들어가면 미역, 톳, 청각, 몰, 멍게, 해삼 등이 있다. 이처럼 톳은 바닷물이 가장 많이 빠지는 사리 때 전후로만 채취할 수 있으므로 어촌마을에서 공동으로 채취를 하는데, 이날을 "역을 놓는다"라고 한다. 통영 비빔밥(나물비빔밥) 중에 가장 맛이 있는 계절이 겨울인 까닭은 톳나물이 들어가기 때문이라 해도 과언이 아니다. 말리지 않은 톳은 그 자체로는 식감이 덜하기 때문에 두부를 넣고 무친다. 톳을 먼저 데친 후에 두부를 손으로 으깨서 같이 버무리면 된다. 두부는 톳의 비린 맛을 없앨 뿐만 아니라 톳의 씹히는 독특한 식감에 고소한 맛이 더해진다.

작가 인터뷰

이 책을 쓰게 된 구체적인 계기는 무엇인가요?

맛있는 먹거리들이 넘쳐나는 세상이지만, 개인적으로 고향에서 먹었던 소중한 추억의 음식들을 기록으로 남겨두고 싶었어요. 시장 음식들, 꿀빵, 빼떼기죽, 시락국, 졸복국 등 통영의 음식들에는 바다와 어부들의 이야기가 진하게 배어 있거든요. 그 스토리를 더 많은 사람들과 공유하고자 책을 쓰기 시작했어요.

평생 기술 분야에 몸담아 오셨는데, 인문학적 시선을 중요하게 생각하게 된 계기가 궁금합니다.

공학적인 측면에서 봤을 때 보통 한 문제는 한 가지 답으로 딱 떨어져요. 그래서 공학도들 사이에는 의견 대립이 많아요. 사업에 있어서도 상대방이 더 똑똑하다고 느껴지면 협상에서 손해 보지 않으려고 마음을 잘 열지 않는 습성이 있죠. 그런 분위기 속에서 일하는 게 편치 않더라고요. 그러다 미팅을 할 때 통영이나 음식 이야기를 꺼냈더니 공감대가 형성되면서 분위기가 한결 부드러워지는 경험을 했어요.

인문학적으로 접근하면 같은 문제에도 답이 여러 가지

가 있을 수 있잖아요. 기술 분야도 결국 사람이 하는 일이기 때문에 인문학이 도움이 많이 될 거라고 생각했어요.

작가님께 통영과 바다는 어떤 의미인가요?
사는 곳은 서울이고, 일은 주로 안산과 해외에서 하고 있지만 마음은 항상 통영에 가 있어요. 한 달에 한 번씩 꼭 통영에 가요. 수십 년 동안 그래왔죠. 그 먼 길을 왜 그리도 자주 가느냐고 누군가 묻는다면 사실 딱히 할 말은 없어요. 그냥 가고 싶어요. 다녀오면 에너지가 차오르고, 그 에너지로 또 한 달을 힘차게 살아가는 거죠. 통영은 제 삶의 활력소예요.

직장 생활을 할 때는 통영에서 관광 관련 일을 해보는 게 꿈이었어요. 사업을 시작하게 되면서 여의치 않게 되었지만, 여전히 통영은 제 영혼을 살찌우는 원천이에요. 상업적인 마인드였다면 객관적으로 쓸 수 없었겠죠. 제 마지막 명함은 '통영어부박물관 관장'이 될지도 모르겠어요.

통영에 관한 책을 쓰면서 새롭게 알게 된 것이 있나요?
아무리 좋은 식재료를 가지고 맛있는 음식을 만들어도 그

가치를 느끼기란 쉽지 않아요. 그래서 통영 음식에 얽힌 오랜 역사와 이야기를 풀어내는 방식을 택했죠. 음식에 스토리를 더하면 그 맛이 두 배, 세 배가 되더라고요. 그 과정에서 통영 음식과 바다, 그리고 어부들의 삶에 얽힌 이야기가 무궁무진하다는 걸 알게 되었어요.

통영 음식이 지닌 특별한 매력은 무엇일까요?
통영은 해산물의 종류가 다양하고 유통도 활발해요. 리아스식 해안으로 이루어져 있어서 바다 생물들이 산란을 하고 자랄 수 있는 환경이 잘 갖추어져 있죠. 통제영 시절부터 배 만드는 기술이 발달했기 때문에 장어통발이나 멸치어장, 굴 양식 등 어업활동이 활성화되어 있어요. 지역 경제도 여유로운 편이라 수산물 소비가 많아서 통영만의 음식 문화가 자연스레 발달했죠.

책에 소개된 음식 중 가장 애착이 가는 것은 무엇인가요?
통영 비빔밥과 반건조 생선찜이에요. 통영 비빔밥에는 신선한 해산물이 풍부하게 들어가요. 바다 나물들 외에도 조개, 참박, 문어를 넣은 두부국을 곁들여서 촉촉하게 만드는데, 음식을 준비하는 과정은 마치 궁중요리를 하는 것에 견줄 만할 정도죠. 박경리의 소설 『김약국의 딸들』에 이런 문장이 있어요. '옛 선비가 통영을 방문할 때는 고을 입구에서 갓을 벗어놓고 간다.' 돈 많은 어장아비가 행세하던 여유로운 지역의 삶을 상징적으로 나타내는 말이죠. 반건조 생선찜의 경우, 죽은 생선이 아니라 싱싱한 생선으로 찜을 준비하거든요. 생선 맛을 최고로 느끼게 해주는 음식이에요.

어부들의 삶을 기록하게 된 이유는 무엇인가요?
'경찰 서장'보다 '욕지도 면장'이라고 할 정도로 한때는 통영의 어촌 생활이 무척 풍요로웠어요. 어부 일 자체가 즐거울 뿐만 아니라 확실한 수입이 보장되기 때문에 배에서 내리면 세상을 다 얻은 것처럼 돈을 쓰고 다녔을 정도죠. 여유로운 어부들로 인해 통영의 음식들도 다양하게 발달했고요. 하지만 물때에 맞추어 살아가야 하는 어부들의 삶은 늘 바쁘기 때문에 그들만이 아는 정서를 기록으로 남길 여유가 없죠. 그래서 제가 대신 어부들의 삶과 어구들에 얽힌 이야기들을 기록으로 남기고 싶다는 생각을 하게 됐어요.

어부 박물관을 운영하게 된 배경에 대해 들려주세요.
해양박물관과 수산과학관을 방문한 적이 있는데요. 귀한 어구들과 해양물품 등 다양한 전시물이 있었지만, 이름이나 용도 등 교과서적인 내용들만 표기되어 있더라고요. 큰 감흥이 느껴지지 않아서 아쉬움이 남았죠. 그 안에 담겨 있는 사사로운 이야기들을 알 수 있다면 어떨까 싶었어요.

저희 시골집에 가면 갯바위에 붙은 김을 채취하던 도구가 있어요. 여러 개의 대나무 꼬챙이를 묶어서 만들었는데, 다 닳아서 끝부분만 남아 있어요. 보잘것없고 작은 물건이지만 세월의 흔적과 할머니의 삶이 고스란히 묻어 있죠. 어구에 켜켜이 쌓여 있는 사연들을 함께 전시하고 싶었어요.

홀로 살고 계시는 어머니 집을 많이 개조할 수는 없어서 지금은 아래채만 박물관으로 사용하고 있는데요. 공사 당시 어머님은 '쓸데없는 일을 한다'며 야단을 치셨는데, 지금은 가끔씩 찾아오는 분들을 보시면 자랑스러워하시죠. 언젠가는 어부 박물관 만드는 과정을 책으로 만들고 싶어요.

이 책이 다른 여행 책들과 다른 점은 무엇일까요?

여행 관련 책을 보면 정말 예쁘고 아름다운 문장들이 많잖아요. 하지만 대부분 현지에 살지 않는 제3자가 글을 쓰기 때문에 그 지역에서 일어나는 생생하고 내밀한 일들을 알기는 어렵죠. 그래서인지 오랜 여운이 남지는 않더라고요. 진정한 유머는 며칠을 두고 생각해도 웃음이 새어 나오는 것이라고 생각하는데요. 이 책을 읽고 나면 외지 식당에서 미더덕을 먹을 때마다 통영의 시장에서 칼을 차고 다닌다던 상인들을 상상할 수 있을 거예요. 바람기(?) 많은 멍게는 양식줄을 통째로 끌고 다니면서 키운다는 모습도 그려볼 수 있을 거고요.

마지막으로 독자들에게 한 말씀해주세요.

이 책에는 어릴 적부터 통영 음식을 진심으로 사랑해 온 제 일편단심이 고스란히 담겨 있어요. 다른 책에서는 맛볼 수 없는 즐거움을 누리는 기회가 되었길 바라요.

작가 홈페이지

푸른 바다에서 건져 올린 통영의 맛

통영 토박이가 몰래 알려주는 식도락 여행기

발행일 2024년 11월 20일

지은이 김장주
펴낸이 마형민
기획 신건희
편집 곽하늘 이은주 김예은
디자인 김안석 조도윤
펴낸곳 (주)페스트북
주소 경기도 안양시 안양판교로 20
홈페이지 festbook.co.kr

© 김장주 2024

ISBN 979-11-6929-626-7 03810
값 17,000원

* 이 책은 저작권법에 의해 보호를 받는 저작물이므로 무단 전재와 무단 복제를 금합니다.
* (주)페스트북은 작가중심주의를 고수합니다. 누구나 인생의 새로운 챕터를 쓰도록 돕습니다.
  creative@festbook.co.kr로 자신만의 목소리를 보내주세요.